AF395674

ENCORE

ENCORE

WATERLOO

TÉMOIGNAGES

AUTOGRAPHES POSTHUMES

ÉMANANT

DE FEU LE GÉNÉRAL BARON LE SÉNÉCAL

Chef d'état-major de M. le Maréchal marquis DE GROUCHY

en 1815.

SIMPLE COMMENTAIRE DE 76 AUTOGRAPHES

SIMULTANÉMENT DÉPOSÉS AUX ARCHIVES DE L'EMPIRE, ET FORMANT UN

ENSEMBLE ÉQUIVALANT A ENVIRON 500 PAGES

DU PRÉSENT TEXTE.

BAYEUX

TYPOGRAPHIE St-ANGE DUVANT.

15 mars 1865.

DÉDIÉ A L'HISTOIRE.

Oui : LA VÉRITÉ HISTORIQUE DEVRAIT ÊTRE NON MOINS « SACRÉE QUE LA RELIGION » puisqu'elle préside à l'avenir des nations.

Mais les passions et intérêts qui président à l'avenir des personnes, sont par le fait, les corrupteurs et oppresseurs de la vérité historique. Telles ont été les fatales et inévitables conditions, sous la pression desquelles l'histoire a traité jusqu'ici, les questions capitales de ses sentences sur Waterloo.

Sans prétendre avoir droit par lui-même à l'attention du public, le possesseur de très-nombreux documents autographes, tranchant cette grande question, vient en faire le dépôt aux archives de l'Empire. Simultanément il en fait l'offrande à l'histoire, par la remise du présent travail aux autorités historiques supérieures, auxquelles seules appartient toute initiative de publicité réelle.

Par cette offrande, il croit mettre l'histoire en demeure, en présence de la vérité.

CHAPITRE Ier.

Tandis que l'historien accrédité suit le cours didactique de son œuvre, certain d'après la confiance qui lui
est acquise que le lecteur le suivra jusqu'à la conclu-
sion ; l'écrivain obscur au contraire, est réduit pour
obtenir et conserver l'attention, à livrer au lecteur dès
le début, les faits saillants qui sont l'essence de son
travail.

Telle étant notre position, nous dirons tout d'abord,
que le présent ouvrage n'est que le commentaire indi-
catif, d'un volumineux recueil de 76 pièces autographes,
simultanément déposées aux archives de l'Empire, et
que, dans notre conscience, ces pièces concourent puis-
samment à démontrer :

1° Que dans les journées des 14, 15, 16, 17 et 18
juin 1815, aucune des *conceptions militaires* de Napoléon
n'a été en défaut ; que leur insuccès n'est imputable
qu'aux insuffisances de l'exécution, et totalement en
dehors de la part de concours, qui appartient au chef
suprême d'une armée, et à plus forte raison d'un état.

2° Que par nombre de publications captieuses, la

vérité historique a été faussée sur plusieurs points capitaux de la question de Waterloo , et particulièrement sur le point capital entre tous : les heures d'envoi et de réception des deux seules dépêches reçues de l'Empereur par le Commandant de l'aîle droite, le 18 juin 1815.

3° Qu'en 1862, M. Thiers , notre historien national , le Tacite de la France et de la gloire militaire de Napoléon, a été induit en erreur , lorsqu'il a accepté comme heure de réception de ces dépêches : *quatre heures et demie pour la première*.... MARCHE SUR VAVRES. *Sept heures pour la dernière*.... MARCHE VERS L'EMPEREUR. Que toutefois , nos documents n'offriront à M. Thiers qu'un puissant *a fortiori*.

Thiers. in-8°, 266.
in-12, 509.
Thiers. in-8°, 270.
in-12, 514.

4° Qu'en 1863 , M. Charras , critique éminemment sérieux , a été induit en erreur en acceptant les mêmes heures de réception des mêmes dépêches, et que la triste autorité de sa critique en est essentiellement aggravée.

5° Qu'en 1864, la brochure posthume de M. le marquis de Grouchy, commet la plus grave de toutes ces erreurs , en prétendant les imposer à la croyance publique. D'abord, parce qu'il met à découvert la source principale des erreurs précédentes ; ensuite parce qu'il désavoue son père vénéré ; enfin parce que l'illustration de son nom, fondée sur la gloire du fondateur de l'empire, eut plus utilement procédé dans l'histoire, si son père et lui-même à la suite, eussent adopté un autre système d'argumentation.

6° Que par le présent travail, les autographes du ma·
réchal Grouchy et ceux de son chef d'état-major, honnête homme entre tous, vont rétablir la vérité historique,
contrairement aux allégations de M. le marquis de
Grouchy.

Les témoignages et documents émanant du général
Le Sénécal, étant ici la base de toute argumentation,
le lecteur doit permettre que le caractère et la position
relative de ce témoin lui soient définis.

Dès l'Egypte, le général Le Sénécal était le chef d'état-
major, et l'homme de la confiance de l'illustre général
Reynier, commandant en chef la cavalerie de l'armée.
En cette qualité, il a été près du grand visir, et sur la
flotte près de sir Sidney Smith, le parlementaire du
traité Del Arish qui a terminé la campagne.

Au retour en France, le général Reynier ayant été en
disgrâce et envoyé en Italie, à la suite de son duel avec
le général Destin, le général Le Sénécal demanda à le
suivre, l'obtint, devint de nouveau son chef d'état-major,
et bien plus son ami.

En 1813 il mérita la même estime du général Grenier,
et par lui la faveur du prince Eugène. Passé à la grande
armée avec sa brigade d'Italie, il la commanda en Silésie
sous les ordres du bon et illustre général Gerard, qui
encore en 1833, lui a donné des preuves publiques
d'affectueux souvenirs.

Jamais il n'avait vu M. le maréchal Grouchy, lorsqu'en 1814 il devint son voisin de campagne. Il fut son chef d'état-major pendant tout le cours des Cent-Jours, son commensal, son confident affectionné, et alors dévoué à ses chagrins, resta dévoué à ses malheurs dans tous les moments d'infortune. Par ses ordres, il remplit comme parlementaire près des généraux ennemis, les 28, 29 et 30 juin 1815, la mission qui précéda la capitulation de Paris.... Étrange destinée du même homme, d'avoir eu à remplir la même fonction, dans deux grands revers de nos armées !

Retiré ensuite au plus profond d'une campagne, acceptant avec philosophie les injustices de la Restauration, et avec hauteur les vexations de ses agents, il resta étranger aux agitations et polémiques de ses frères d'armes, comme à l'univers politique, jusqu'au 4 novembre 1829.

M. le maréchal Grouchy ayant alors requis son témoignage sur quelques faits, le Général promit de l'adresser, aussitôt qu'il aurait pu vérifier et fixer ses souvenirs par des informations auxiliaires. Cette demande de plus en plus pressante, fut renouvelée en ces termes :
« *Voici la déclaration que je vous demande, veuillez*
N° 5 du dépôt.
« *la dater de 1818, car dans ma réfutation de l'ou-*
« *vrage du général Gourgaud qui parut alors, je*
« *parlai de cette déclaration comme l'ayant, bien sûr*
« *que vous ne me la refuseriez pas quand je vous la*
« *demanderais.* »

Les autographes disent comment le général Le Sénécal

et moi-même à sa suite, avons été entraînés dans les agitations de M. de Grouchy, si fatales pour nous; mais ils disent aussi, par quels soins scrupuleux, ce travail d'un honnête homme, a été, est et restera, le témoignage de la vérité *vraie*. Jusqu'à sa mort en juillet 1836, il avait ignoré les conséquences de ses déclarations, comme il en avait ignoré les précédents. Il a eu surtout le bonheur d'ignorer, qu'un homme au monde pût jamais oser mettre en doute sa fidélité.... et il avait raison, car le malheureux immédiatement châtié, dont la considération s'est brisée contre ce roc en 1840, n'avait pas même pour excuse la sincérité dans l'erreur.

Tandis que les polémiques sur Waterloo étaient dans l'esprit de leurs auteurs, des questions de dignité, d'intérêt, de passion, ou d'amour-propre personnel, elles étaient dans la conscience publique, le maintien moral de l'avenir de la dynastie impériale; les faits et les noms de ce passé, n'étaient que les chiffres d'un immense problème.

Ainsi, une recrudescence des polémiques précéda en 1830 la révolution de Juillet, fut étouffée par elle, et conserva ses éléments à l'état latent jusqu'à 1840.

En 1840, une véritable éruption éclata, en avant des deux grands événements, par lesquels la Providence prononçait dès-lors sur les destinées prochaines de la France. Les publications et la presse ont donné un tel retentissement à ce débat si outrageux pour le maréchal Grouchy, qu'il est sans objet d'interrompre ici par ce triste intermède, le cours d'un travail tendant uniquement vers un but national. Mais un appendice à la suite, et surtout les autographes, mettront l'histoire en mesure d'apprécier les caractères, qui, sources des actions humaines, sont la source première de la vérité historique, religion elle-même de l'historien.

CHAPITRE II.

—

Aucun historien n'a méconnu, la profondeur politique *des conceptions* qui transportèrent en Belgique la campagne de 1815.

Aucun n'a méconnu, l'immense *conception* militaire du plan de campagne démontré par les deux pièces.... POSITION DE L'ARMÉE LE 14 JUIN.... ORDRE DE MOUVEMENT POUR LE 15.

Aucun n'a dénié à nos principaux chefs, la gloire du succès prodigieux de la concentration de notre armée sur la Sambre le 14, à l'insu de l'ennemi.

Aucun voudra-t-il exagérer en dehors de ces limites, le concours personnel du chef militaire, du souverain ?

Mais la concentration exacte de la cavalerie à l'extrême frontière le 14.

Les encombrements au passage de la Sambre.

L'absence ou la défectuosité des distributions indispensables.

Le renouvellement nécessaire de l'envoi au général Vandamme, des deux pièces principales déjà citées.

La bonne foi permet-elle, que la surveillance de tous ces soins secondaires, quoique principaux par leur objet, soit mise dans le devoir, on dira même dans le droit, du chef suprême que sa centralité devait retenir sur les sommets du Sinaï ?

L'envoi fait à Vandamme restant sans accusé de réception, devait et pouvait être renouvelé en temps utile. Les conséquences en eussent été plus grandes peut-être que ne le dit l'histoire.

Ici je placerai la seule allégation que j'ose hasarder sans preuve à l'appui. Mais j'avouerai que, d'après des éléments de profonde conviction, le général Le Sénécal

et moi avons contracté celle : que c'est le 15 au soir vers Gilly, que Blucher a été culbuté par notre cavalerie, longuement dépassé par elle, et que si alors l'infanterie de Vandamme eut été en position, le chef, et on peut dire la tête des deux armées eut été entre nos mains. Mais je le répète, je dis cela sous toute réserve, et comme simple signal aux recherches et vérifications de l'histoire.

16 JUIN.

Aucun historien, n'a méconnu la *conception* consistant en l'occupation des Quatre-Bras le 16 au matin, et le choix du champ de bataille de Ligny ; *ces divinations du génie* qui voyait d'en haut l'insuffisance des forces auglaises au premier poste, et celle de la concentration des forces prussiennes au second.

La précision des ordres et la présence au centre du danger, ont-elles fait défaut de la part du chef central ? Son concours devait-il dépasser ces limites ?

Mais l'absence d'explications secondaires, par lesquelles les incertitudes et hésitations du Roland d'un autre Charlemagne eussent été dissipées, n'ont-elles point fait défaut en ce qui concerne les Quatre-Bras ?

hiers, 100-101.

harras, 161, 162, 07, 550, 551, 562,

Mais en ce qui concerne Ligny ; le renouvellement rendu nécessaire par l'avertissement de Vandamme, de l'ordre qui eut amené d'Erlon avec ses 20,000 hommes au centre de la bataille, et supprimé Waterloo.

hiers, 89-97.

Mais l'exécution des ordres qui laissant Ney aux Quatre-Bras, dans une simple et suffisante position défensive, eussent rendu à l'Empereur une partie de ses forces actives.

Ces deux mesures péremptoirement décisives, ont-elles ait défaut par l'insuffiance des *conceptions du chef*, ou par celle de l'autorité exécutive et secondaire ?

17 JUIN.

Brochure 1864.

A partir du détachement de l'aile droite, quelque funestes qu'aient pu être les rivalités et dissentiments entre ses chefs, leurs conséquences peuvent être ici réservées au jugement de l'histoire essentielle. Mais celle-ci peut dire à tous, qu'il n'en est aucun qui ait du comprendre les ordres du 17, dans un autre sens que comme provisoires, devant être complétés, et non pas compris à l'absolu. Aussi la marche vers Gembloux n'est en elle-même nulle part critiquée.

Charras, 228, 555.

Mais la lenteur de la mise en mouvement.

L'orage pendant lequel les prussiens ayant 14 heures d'avance pouvaient s'arrêter, tandis que nos soldats devaient marcher.

Pièces justificatives 2ᵉ série, p. 5.

Mais l'arrivée tardive, la concentration irrégulière, la fatigue des soldats à l'arrivée, le malaise de leur nuit.

Est-il un de ces faits qui implique la solidarité du chef suprême ?

18 JUIN.

Comme preuve que les ordres du 17, à midi, n'étaient que provisoires, l'Empereur, par une lettre de 10 heures du soir, les compléta avec une précision incontestable. Il a sans doute conservé jusqu'à la mort la croyance de la réception de cette lettre par Grouchy ; cependant il est non moins incontestable que Grouchy ne l'a pas reçue. En effet, l'Empereur a écrit à dix heures du soir ; sur un terrain libre la lettre devait être, parvenue en moins de trois heures. Grouchy, de son côté, a écrit à deux ou plutôt trois heures, sa lettre par l'absence d'accusé de réception, et non moins par son texte, prouve qu'il n'avait pas reçu celle de l'Empereur. Pourquoi alors l'envoi de cette dernière n'a-t-il pas été renouvelé, lorsqu'il devait et pouvait l'être en temps utile. Pourquoi est-elle absente du livre d'ordres du Major général?

L'heure du départ de Gembloux a été tellement controversée entre les chefs; si positivement fixée et si positivement désavouée par le Maréchal, que nous serions troublés par des scrupules, si nous ne savions.... que l'heure la plus matinale était la seule rationnelle.... que le général Le Sénécal n'a donné que le 3 juin 1830 la déclaration détaillée, réclamée le 21 novembre, parceque tout le temps intermédiaire a été employé à une scrupuleuse et laborieuse enquête près d'officiers ayant servi dans chacun des corps de l'aîle droite.

Le général Le Sénécal qui ne quittait pas le Maréchal a été présent à tout, et son silence fixe la mesure de la discussion de Sart-à-Valain; vive, animée, peut-être tranchante, mais nullement outrageuse; beaucoup moins négative de l'autorité du supérieur, qu'une autre scène ayant eu lieu la veille à Ligny, et passée sous silence dans toutes publications. Celle-ci était néanmoins connue de M. le marquis de Grouchy, qui dit dans son rapport de la journée du 17 : « *Militairement parlant il y a* « *peut-être un reproche à adresser à Grouchy, un* « *seul; celui de ne pas avoir ôté à Gerard son com-* « *mandement, lorsque ce dernier a fait preuve de*

« *mauvaise volonté, pour mettre son corps d'armée en*
« *mouvement.* »

Thiers, 164, 165.

Bien que la lettre adressée par l'Empereur à Grouchy
le 17, à dix heures du soir, ne soit pas parvenue à ce dernier; il en résulte toutefois la preuve
certaine, que l'Empereur n'a pas douté le 18, que la
ligne de marche de Grouchy était de Gembloux à Vavres, et que toutes ses dispositions devaient tendre vers
la gauche de cette ligne de marche, qui a été en effet
à peu près suivie.

Charras, 574.

brochure 1864,
pages 54 à 58.

pièces justificatives
2ᵉ série, 4.
Charras, 574.

La lettre écrite de Sart-à-Valain par Grouchy, à onze
heures du matin, prouve que tous les corps prussiens,
avaient déjà coupé cette ligne de marche, et tendaient
à jonction avec les Anglais vers Bruxelles,... Y avait-il
lieu à les croiser et non pas à les suivre?

58 201.

Cette lettre venait d'être remise au major de La
Fresnaye, lorsque le général Gerard et ses officiers sont
venus près du Maréchal, et lorsque la canonnade a
commencé vers Waterloo.... Or il est aujourd'hui avéré,
qu'elle a commencé sur le château de Goumont à 11
h. 35, et n'a eu un développement et une intensité
démontrant une bataille générale, que par le feu de la
grande batterie de 78 pièces qui a commencé après
midi.

Charras, 262.

Charras, 553, 554,
555.

brochure 1864
58 à 61.

M. le Marquis dit que la discussion avec Gerard,
commença quelques minutes après la remise de la lettre

à M. de La Fresnaye, donc environ 11 h. 40.

M. le Marquis dit encore : « *Je suis le premier à* « *reconnaître, que si Grouchy eût suivi le conseil de* « *Gerard, peut-être fut-il arrivé assez à temps pour* « *prendre part à la bataille de Waterloo.*

Puis encore : « *Grouchy ne tarda pas à se féliciter* « *du refus qu'il avait opposé aux désirs du comte* « *Gerard, lorsqu'il reçut du Major-Général la lettre* « *ci-dessous :* MARCHE VERS VAVRES. »…. Que signifient les mots *ne tarda pas ?* Est-ce l'intervalle entre midi et demi et quatre heures et demie, dans un moment où les heures étaient des minutes pour l'armée ?

Il est vrai que le maréchal Grouchy, a préludé à l'oblitération de l'heure de réception de cette première dépèche, à partir d'explications peu favorables avec le général Jomini en avril 1840. Que si dans sa biographie de 1836, on retrouvait encore par déduction, cette heure de midi et demi, on ne l'y trouverait pas textuellement ; que dans sa biographie de 1842, dont il est *l'auteur réel,* elle est longuement oblitérée et noyée, et qu'il en est de même dans quatre publications de 1841. Mais il ignorait sans doute, qu'il était trop tard.

Debout sur ces erreurs ; en avant de l'histoire en réalité quoique à la suite en apparence, M. le marquis de Grouchy dans tout le cours de sa brochure de 1864, prononce péremptoirement :

1° Que la première dépêche « MARCHE SUR VAVRES » a été portée par M. Zenovicz, et remise à son père de QUATRE A CINQ HEURES DU SOIR.

2° Que la seconde dépêche « MARCHE VERS L'EMPE- REUR » n'a été remise au Maréchal que *sous Vavres*, A SEPT HEURES DU SOIR, et sans désignation du porteur.

Ce système de transposition de l'heure de réception des dépêches, a eu jusqu'ici un succès proportionné aux efforts, puisqu'il est encore interposé entre l'histoire et la vérité; bien que cette question soit le point capital de toute discussion sur Waterloo.

Mais le Grouchy de 1818 et 1829, va nous être rendu, pour suppléer aux défaillances du Grouchy de 1840, et aux erreurs du Grouchy de 1864.

CHAPITRE III.

Heure de Réception des Dépêches

graphie page

Dans sa biographie de 1836, M. le Maréchal transcrit le texte de la lettre « MARCHE VERS L'EMPEREUR » et fixe l'heure de réception « VERS QUATRE HEURES ET DEMIE DU SOIR. »

graphie page

Dans sa biographie de 1842 il dit « *On comprend* « *encore qu'il ait été physiquement impossible au Ma-* « *réchal de dégager ce corps, et de le diriger sur* « *Mont-Saint-Jean, lorsque* VERS QUATRE HEURES ET « DEMIE DU SOIR, *il reçut du champ de bataille de* « *Waterloo la lettre que voici.* » Cette lettre textuellement transcrite est bien celle : « *Marche vers l'Em-* « *pereur, bataille engagée et gagnée.* »

chure 1864. et 115.

On arguera du témoignage du général Le Sénécal, sur l'heure de réception de la première dépêche fixée par lui à *midi et demi*; non pas en raison de la page 112 ou cette assertion porte le stigmate du mot *erreur*, bien qu'elle soit alors absente de la minute; mais en raison de la page 115 où elle y existe réellement.

Brochure 1864.
119.

Thiers, 266-267.

M. le Marquis lui-même, met dans la bouche de son père, dans une allocution à ses généraux le 19 juin 1815 « VERS MIDI ET DEMI, *une lettre du Major général* « *datée de la ferme du Caillou le 18 juin à dix* « *heures.* Et suit l'analyse du texte qui est bien la pre- « mière lettre, MARCHE VERS WAVRES.

Les autographes du Maréchal lui-même de 1818 à 1830, ont encore plus d'autorité.

N° 9 du dépôt.
Cahier de questions
art. 34.

Que pendant la journée du 18, il ne m'est arrivé « *aucun autre ordre, dont des officiers envoyés par* « *l'Empereur eussent été porteurs, ni qu'il m'ait été* « *remis aucune dépêche du Major général, que celle* « *arrivée* VERS MIDI ET DEMI, ET UNE SECONDE QUI ME « FUT REMISE A QUATRE HEURES ET DEMIE OU CINQ HEURES.

N° 6 du dépôt.
Lettre du 21 mai
1850.
Charras, 565-566.

« VERS MIDI ET DEMI OU UNE HEURE, *j'ai reçu une* « *dépêche du Major général,* LA PREMIÈRE *qui me fût* « *parvenue depuis que j'avais été détaché la veille,* « *qui me prescrivait impérativement, de me porter le* « *plus promptement possible à Wavres.* »

Seconde Dépêche. — Marche vers l'Empereur.

N° 9 du dépôt.
Charras, 565-566.
Thiers, 266-267.

Question n° 34 citée ci-dessus « ET UNE SECONDE QUI « ME FUT REMISE A QUATRE HEURES ET DEMIE OU CINQ « HEURES.

du dépôt.
e du 4 novem-
1829.

« QUE VERS QUATRE HEURES DU SOIR, *je revins à la*
« *baraque, petite maison isolée située à environ une*
« *lieue avant Vavres, accompagné du général Gerard ; en*
« *me portant au-devant de ses troupes qui n'arrivaient*
« *point, j'avais dessein de les diriger plus promptement*
« *sur Saint-Lambert, car je venais de recevoir la lettre*
« *du maréchal Soult, qui me prescrivait de me rap-*
« *procher de l'armée de l'Empereur.*

lu dépôt.
du 21 mai
0.

« Rappel de l'article 11 déclarant *que la lettre de*
« *midi et demi est la première.*

pièce, arti-
15.
as, 565-566.
pièce, art.

« *Que la seconde dépêche du Major général, qui*
« *m'enjoignait de marcher sur St-Lambert, ne m'a été*
« *remise que* VERS QUATRE HEURES ET DEMIE DU SOIR.
« *Qu'il ne m'est parvenu aucune autre dépêche du grand*
« *Quartier-général le 17 et le 18 Juin, que les deux*
« *mentionnées ci-dessus, ni qu'aucun officier venant*
« *du grand Quartier-général, soit arrivé pendant ces*
« *deux journées près de moi.* »

Peut-il rester un doute sur l'heure de réception de
ces dépêches par le Maréchal?

ure 1864.
-226.
s, 266-267.

Cependant, ces confusions que dans tout le cours de
sa brochure, M. le Marquis reproche si amèrement à
notre illustre historien; ces confusions que lui-même a
réussi à insinuer, dans deux histoires principales quoique
rivales, aux dépens de la plus grande des gloires de la
France; ces trop tristes confusions, dont les noms usur-
pés ou empruntés ne doivent point rester solidaires,
vont être discutées sous leurs autres faces.

Brochure 1864. 67.

Cette lettre « Marche vers l'Empereur, bataille gagnée ou engagée » est l'une des pièces les plus capitales de toute notre histoire, et ici le nœud de la question. Elle est absente du livre d'ordres du Major général, et ne peut être vérifiée que par des arguments en dehors. Le seul argument contre le récit de M. Zenovicz, serait l'heure de réception publiée comme étant une heure après-midi, tandis que lui-même et M. le marquis de Grouchy fixent son départ à midi. La longueur de l'espace parcouru fixée à onze lieues par M. le Marquis, ne serait un argument contraire dans aucune espèce de cas, et surtout si comme le dit M. Zenovicz, il galoppait déjà quand la canonnade a commencé ; car elle a commencé à 11 h. 35. La conformité des paroles de l'Empereur d'après M. Zenovicz, avec le texte avoué de la dépêche, et l'arrivée du porteur *dans une petite chambre d'une maison où une ambulance avait été établie,* (la baraque) sont la preuve que cette dépêche a été la seconde « *Marche sur Saint-Lambert* ». La confiance de l'Empereur, le nom, le grade ne permettent aucune suspicion sur le caractère de M. Zenovicz, et plus noblement que M. Berthezène, le général Le Sénécal désavouerait aujourd'hui, une expression légèrement écrite d'après M. de Grouchy, inspirée sans nul doute à l'un et à l'autre par l'accent étranger, et surtout au Général par une fable que cet accent avait accréditée ensuite dans les rangs inférieurs. Il ne nous reste donc à discuter, que le seul chiffre de la dépêche, une heure après midi.

Brochure 1864. 67.
Idem.   201.
Idem.   212.

Brochure   200.

Brochure 1864.
201.

Dans une pièce publiée par M. le Maréchal en 1841, on lit : *L'original de cette lettre n'a pu être retrouvé,* « *mais la copie ci-dessus est conforme à celle qui me* « *fut envoyée aux Etats-Unis en 1816 et 1817, par* « *ma première épouse, une de mes filles qui n'existe* « *plus, et le général Carbonnel.*

« *Je possède ces trois copies, on lit sur toutes : en* « *ce moment la bataille est gagnée sur la ligne de* « *Waterloo.*

« *La lettre du Major général était écrite en carac-* « *tères très-fins, et d'autant plus difficiles à lire qu'ils* « *étaient en partie effacés. Toutefois l'existence du mot* « GAGNÉE, *ne parut douteuse à aucun des officiers, que* « *j'appelais près de moi pour qu'ils en prissent com-* « *munication.*

«« *Une déclaration du général Le Sénécal, et de* « *plusieurs autres officiers constatent ces faits..* »

Or les biographies de 1836 et 1842 portent l'une et l'autre « *engagée et gagnée.* » Les publications du Maréchal portent *gagnée*, celles du général Gerard portent *engagée*.... Dans une publication le même Général commence la dépêche par « *Vous avez écrit à l'Em-* « *percur ce matin à 2 heures* » ; le Maréchal dans une publication dit « *trois heures* » dans une autre « *six heures* » M. le Marquis dit « *trois heures.* » Ces différences si graves dans la reproduction du texte, permettent-elles d'attribuer une autorité sacramentelle, au simple chiffre de la date ?

C'est ici le lieu de désintéresser le général Le Sénécal
de son assertion sur le mot « *gagnée.* » On peut lui
supposer une certaine habitude du bruit du canon ; or
à quatre heures et demie, l'intensité et le développement de la canonnade, annonçaient-ils une bataille *gagnée* c'est-à-dire terminée? On peut supposer encore,
que comme très ancien chef d'état-major, il savait lire
(chose très essentielle aux chefs ce jour-là). Or les mots
limitatifs « *en ce moment* » — « *sur la ligne de Waterloo* » — « *écrasez Bulow que vous prendrez en
flagrant délit.* » Ces mots permettaient-ils d'interpréter
à l'absolu le mot « *gagnée.* » Sa signification essentiellement relative, n'était-elle pas « *gagnée ici si les
ordres sont exécutés ?* »

—

s, 574.

Notre mobile le plus obligé entre tous, étant de désintéresser la sincérité comme la réalité des ordres de l'Empereur, nous allons donner une dernière preuve de la conviction où il était le 18 : « *que conformément à* « *ses ordres bien compris, Grouchy suivait la ligne de* « *marche de Gembloux à Vavres; mais dès les premières* « *heures de la matinée, avec tendance vers la gauche,* « *l'épée à la main et l'œil sur Waterloo.*

justificatives
2, 50 à 55.

Le colonel Marbot, homme d'un mérite et d'un caractère incontestés, répondant de mémoire à deux lettres du maréchal Grouchy, déclare que sa réponse est conforme au rapport remis par lui en 1815 au Ministre de la guerre, et déposé aux archives. Dans cette lettre il dit :

« *Au commencement de l'action vers onze heures du* « *matin, je fus détaché de la division avec mon régi-* *ment, et un bataillon d'infanterie placé sous mon com-* *mandement. Ces troupes furent mises en potence à l'ex-* « *trême droite, derrière Frichemont faisant face à la* « *Dyle.*

« *Des instructions particulières de la part de l'Em-*
« *pereur, me furent données par son aide-de-camp le*
« *général de La Bédoyère, et un officier d'ordonnance*
« *dont je n'ai pu retenir le nom. Elles prescrivaient de*
« *laisser le gros de ma troupe toujours en vue du*
« *champ de bataille, de porter 200 fantassins dans le*
« *bois de Frichemont, un escadron à Lasnes poussant*
« *des postes jusqu'à Saint-Lambert ; un autre escadron*
« *moitié à Couture moitié à Beaumont, envoyant des*
« *reconnaissances jusques sur la Dyle, aux ponts de*
« *Moustiers et Ottignies. Les commandants de ces divers*
« *détachements, devaient laisser de quart de lieue en*
« *quart de lieue, de petits postes à cheval formant une*
« *chaîne continue jusque sur le champ de bataille, afin*
« *que par le moyen de hussards allant au galop d'un*
« *poste à l'autre, les officiers en reconnaissance pussent*
« *me prévenir rapidement, de leur jonction avec l'a-*
« *vant-garde des troupes de M. le maréchal Grouchy*
« *qui devaient arriver du côté de la Dyle. Il m'était*
« *enfin ordonné d'envoyer directement à l'Empereur,*
« *les avis que me transmettraient ces reconnaissances.* »

Cette lettre prouve jusqu'à la plus incontestable évidence :

1° Que Napoléon interprétant lui-même l'essence de ses ordres de la veille, n'avait pas l'ombre d'un doute que l'aîle droite avait manœuvré vers la Dyle.

2° Qu'à onze heures du matin il avait reconnu lui-même, que l'espace intermédiaire était libre d'ennemis, et assurait la sécurité et la rapidité de ses communications avec Grouchy, par les postes échelonnés du colonel Marbot.

3° Qu'il lui était impossible de douter que l'aîle droite ne fût partie le matin de Gembloux, et n'eût déja atteint une position rapprochée, puisque le champ de bataille était le sommet d'un triangle équilatéral, dont a ligne de Gembloux à Vavres était la base. Que par conséquent il est inadmissible, que d'après ses ordres une dépêche eût eu à subir un trajet triple et un délai de *sept heures*.

4° Que faisant suite à son ordre précédent « *Vavres où vous devez arriver le plus tôt possible.* » L'Empereur a du supposer que le lieu de rencontre serait en moyenne à la baraque. Or les postes échelonnés traçaient la route, et une dépêche transmise au galop de main en main, ou même par un seul officier marchant sous la direction et l'abri de tels guides, eût franchi la distance en beaucoup moins de deux heures...., par conséquent l'espace minimum de trois heures, que la date des dépêches laisse à leur réception était plus que suffisant, soit que M. Zenovicz ait été porteur de la première ou de la seconde.... La brochure elle-même en fournit une dernière preuve page 122. Le colonel de La Fresnaye partant de Sart-à-Valain, distance supérieure d'une moitié, ignorant l'existence des postes échelonnés, guidé par le seul bruit du canon, a franchi en deux heures et demie la distance entre Grouchy et l'Empereur.

chure, 122.

CHAPITRE V.

—

Il serait téméraire de se placer en avant de l'histoire,
dont l'autorité seule doit prononcer sur la question suprême : celle de savoir si les ordres de l'Empereur nor-
malement compris et exécutés, pouvaient lui amener
l'aîle droite et la victoire : si la non exécution de cette
mesure est imputable au défaut d'intelligence, ou au défaut d'autorité, condition essentielle de toute œuvre
collective.

Mais sans toucher à l'arche sainte, nous devons au
moins désintéresser le général Le Sénécal, qui placé à
bien grand regret, entre deux affections vives et sincères
l'une et l'autre, n'a pu néanmoins se dissimuler : que
le témoignage matériel le plus discret, implique nécessairement dans une certaine mesure, témoignage d'appréciation.

Or il a été permis de penser que si Gerard a reconnu
chez Grouchy, une conviction profonde et sincère de la
précision des ordres; une religion d'obéissance qui ne
pouvait fléchir, même devant la conviction du succès.
Si lui-même Gerard a ressenti au même degré, une
conviction diamétralement opposée; alors pourquoi ne

pas s'être placé dans la position qu'l imposait à autrui ?... A Sart-à-Valain et à la baraque son corps était en arrière, et séparé de beaucoup de la colonne que suivait Grouchy vers Vavres. Ce corps était en outre sur le point de la ligne de marche, le plus rapproché de Waterloo.... *Il pouvait désobéir et marcher avec 12 à 14,000 hommes.*

Mais si un sentiment national, plus noble encore que l'affection méritée par le digne général Gerard, a fait de lui un Desaix par les intentions et non par le fait ; ce sentiment a été cruellement exagéré, lorsqu'il a fait du maréchal Grouchy, un Varus par les intentions autant que par le fait.

En renversant par le présent travail, le système d'argumentation du Grouchy de 1864, nous passons sous silence le système intermédiaire du Grouchy de 1840 ; mais nous sommes loin de renier celui dans lequel l'ignorance des précédents, nous a entraînés à notre insu à la suite du Grouchy de 1818 et 1829.

Voici ce système que nous avons sincèrement cru être celui du Maréchal, et duquel seul nous acceptons la solidarité.

Le soir du 17 juin 1815, Napoléon espérait encore à peine que Wellington acceptât la bataille. S'il s'était retiré inattaquable derrière une forêt et dans une capitale ;

si dans le même moment Blucher arouté par le Luxembourg, eût couru donner la main à la coalition en Champagne ; notre aîle droite en arrière d'une marche n'eût pu que le suivre, suivie elle-même par la gauche en arrière d'une autre marche ; et celle-ci immédiatement par les Anglais non fatigués.... un débordement de Huns couvrait la France !

Or, interprétant à l'absolu l'ordre de garder la ligne de la Meuse et Namur, eût-ce été une pensée noble à Grouchy, de croire que cet ordre était celui de garder la France ?... de croire sincèrement, et non sans raison, que Napoléon toujours profondément humain, en dehors des nécessités des batailles, et bien plus encore souverain que chef militaire, n'aspirait qu'à la plus grande entre les gloires.... Une nation n'est qu'une famille, toute famille est avare du sang de ses enfants, et proclame le héros de la paix, supérieur au héros de la guerre.

En un mot, nous osons dire : que si quelques revers historiques planent sur la mémoire du maréchal Grouchy, ils ont pour cause essentiellement dominante, le système d'argumentation suivi par lui et pour lui. Que si Drouot mis à la place de Grouchy eût accompli les mêmes faits militaires, sa mémoire en posséderait aujourd'hui un degré de grandeur de plus.

Si les éléments matériels de vérité, mis à jour dans

cette première partie, fixent l'attention du lecteur ;
nous espérons que les éléments moraux d'appréciation
mis à jour dans la suivante, fixeront l'attention de
l'historien, et qu'une réparation à un témoin plus que
méconnu, sera une réparation à la vérité historique,
non moins sacrée que la religion.

SECONDE PARTIE.

PRÉFACE.

Napoléon Ier avait vu son étoile, restée visible pour l'héritier de sa dynastie, et invisible pour le chef de la dynastie intermédiaire ; de là les deux grands événements de 1840 : l'un croyant solder généreusement le compte du passé, l'autre appréciant la réalité de l'avenir. 1840 statuait sur l'effort de 1848 et le résultat de 1852.

Un Waterloo d'écritures, fut l'intermède des deux grands actes de 1840. L'antagonisme fit une véritable éruption, entre la victoire fictive et le cataclysme réel ; l'une et l'autre eurent leurs chefs, les chefs leur cortége, et naturellement celui de la victoire fut plus nombreux que celui de la défaite.

Mais alors autant que jamais, fictions et acteurs étaient simplement les chiffres d'un problème ; et beaucoup de ces chiffres peut-être seront barrés par l'histoire procédant vers la solution.

Les caractères étant la source des actions humaines, leur appréciation est la source de la vérité historique. Les caractères ne figurent que déguisés, au milieu des prestiges des théâtres du monde, et leur sincérité ne se démontre que par celle des actes de la vie intime. Nous faisons donc dans ce but, le dépôt d'un recueil assez volumineux d'éléments d'appréciation ; et nous nous bornons pour notre compte à une simple analyse, entendant que la moralité de notre cause, se place elle-même sur la sellette au tribunal de l'histoire.

CHAPITRE 1er.

—

èces justificatives
8e série, page 27.

D'après des bruits précurseurs de l'orage, le général Jomini écrivait au maréchal Grouchy le 1er mai 1840 : « *Quant à la ma-* « *tinée du 18, votre chef d'état major Le Sénécal a donné une dé-* « *claration fort précise, mais dont vos adversaires contestent l'exac-* « *titude....* QUE CONCLURE DE LA ?... QUE LES PASSIONS PERSONNELLES « EXERCENT LEUR TRISTE INFLUENCE SUR TOUTES LES CHOSES HUMAINES. »

En effet, le 27 du même mois, un homme au-dessous par son caractère des dignités de sa position, publia un volumineux libelle diffamatoire contre le maréchal Grouchy, alors très malade. Toute sa vie militaire y était parcourue avec abaissement de son caractère personnel ; enfin après avoir soulevé une grave suspicion sur l'abandon du défilé de Villers-Cotterets, le 28 juin, l'auteur réaggravait cette suspicion sur les jours de défaillance du maréchal, en terminant sa brochure par cette phrase :

iméros du dépôt.
76.

« Une partie de la cavalerie et le troisième corps étaient encore « derrière la Marne, lorsque M. le général Le Sénécal, chef d'état- « major de M. de Grouchy, accompagné d'un *officier d'état-major* « *prussien,* se rendit aux avant-postes , et sollicita les troupes à « ne pas marcher au secours de la capitale : l'indignation des sol- « dats qu'il cherchait à corrompre lui eût été fatale, si le général « Excelmans ne l'eût couvert de sa généreuse protection.

« Une manœuvre aussi criminelle de la part d'un homme tenant « de si près à M. de Grouchy méritait, ce semble, quelques ex- « plications ; l'honneur de M. le maréchal m'y paraissait intéressé, « et ma surprise a été extrême de n'en point trouver trace dans

« cette biographie, qui nous initie aux projets et aux vues restés
« en germe dans la pensée de M. le maréchal. »

57.

Informé le 26 mai, tandis que le libelle était encore sous presse,
j'écrivis à l'éditeur pour en prévenir la publication, et lui adressai
simultanément une lettre pour l'auteur du libelle, le priant de la
remettre lui-même pour en confirmer la remise.

Le 30 mai j'écrivis au maréchal Grouchy, lui demandant de prendre la cause en main.

39-40.

Le 2 juin, je reçus une simple épreuve du libelle et le refus de
remettre ma lettre.

Le 6 juin, j'écrivis au général Excelmans et lui envoyai duplicata
de ma lettre au général Berthezène, lettre que je renvoyais au

41.

même intermédiaire, avec redoublement d'insistance pour qu'il en
fît la remise et la publication.

Le 8 juin encore, l'intermédiaire agissant de concert avec M. le
marquis de Grouchy, alors à Paris, tandis que son père était à Vi-

Nos 57 à 55.

chy, croyait sincèrement comme lui que le Maréchal resterait
inerte. Les mêmes paralysaient tous mes efforts vers la publicité,
laissaient accomplir celle du libelle, et me réduisaient pour seul
moyen, à une action judiciaire. Leur influence sur les journaux et
les mesures prises pour me forcer la main, sont mises à jour dans
une longue correspondance *ultra-explicite*.

14.

Le 6 juin, dans une longue lettre, le Maréchal se montrait fort
peu disposé à intervenir personnellement. Mais le 7, ayant reçu le

17.

libelle, il reconnut que l'attaque lui était propre, et ce fut lui-même
qui réclama le secours de mon droit judiciaire. Il me conjura alors
*de prendre un grand parti, donner un grand éclat à cette affaire,
traduire le calomniateur devant les tribunaux et le perdre dans
l'opinion publique.*

18-19.

Les 8 et 10 juin 1840, nouvelles lettres avec crescendo d'instances :

« Je reprends aujourd'hui la plume, mon cher monsieur. pour vous
« réitérer le conseil et le vœu que vous attaquiez devant les tribu-
« naux comme calomniateur le général Berthezène. Ne vous en tenez
« point *je vous le demande* instamment, *non-seulement* au nom de la
« mémoire outragée de votre oncle, mais aussi *au nom de l'attache-*
« *ment dont il m'a donné tant de preuves,* je vous conjure de ne pas
« vous en tenir à une rétractation de la part de ce méchant homme.
« Cela ne suffit pas surtout à moi. C'est un grand éclat qui peut seul
« me venger des atroces calomnies dont on me rend l'objet. et vous
« seul pouvez convenablement le faire cet éclat............ Je vous prie
« de venir à Paris pour vous y aboucher avec mon fils........... Il dé-
« sire que vous y veniez bien promptement............ C'est ce qui me
« fait vous demander de vous mettre en route à réception de ces
« lignes........... Je finis en ajoutant encore que vous allez me rendre
« le plus éminent de tous les services, en faisant ce que j'attends et
« réclame de votre loyauté, de votre juste indignation, de voir ma
« réputation militaire ternie presqu'au terme de ma carrière par des
« misérables ; croyez-bien que jusqu'au dernier jour de ma vie, je
« chercherai et saisirai toutes les occasions de vous prouver ma pro-
« fonde reconnaissance.

« maréchal Grouchy. »

—

« Vichy, 14 juin 1840.

« Je vous accuse réception, mon cher Sénécal, de votre lettre du
10 juin, de la copie de celle que vous avez fait parvenir, ainsi que
« je le désirais, *directement,* au calomniateur Berthezène. J'avais
« bien prévu que ... ne la lui remettrait pas.

« Voyez mon cher, ce que peut l'énergie d'honorables sentiments
« tels que les vôtres. Elle a glacé d'effroi le calomniateur qui s'est
« hâté de faire insérer une rétractation de ce qu'il a avancé dans le
« *Moniteur* de ce jour. Mais elle ne suffit ni à la mémoire de votre
« oncle, dont il ne parle pas, ni à moi. Il faut donc absolument que
» vous et moi nous le traînions devant les tribunaux, et qu'il soit à
« jamais flétri par un jugement solennel.

« ...... Aucuns sacrifices ne me coûteront....... Nous y parviendrons.

« .... eût été trouver Berthezène et lui eût dit : si vous faites
« paraître un tel tissu de mensonges, je vous souffletterai en pleine
« rue et vous couperai les oreilles. Il est d'autant plus étonnant qu'il
« ne l'ai pas fait, que *** lui avait donné communication de la pu-
« blication Berthezène avant qu'elle parût, et avant qu'il y en eût un
« exemplaire de livré au public.

« Vous voyez avec quelle franchise je vous parle, en m'écrivant
« mettez-y le même abandon. Ne craignez jamais ni de me blesser en
« me disant de pénibles vérités, ni en me donnant les conseils que
« l'intérêt que vous me prouvez si bien, vous fera juger utiles. Comp-
« tez d'ailleurs sur ma parfaite discrétion, jamais vos lettres ne se-
« ront vues de personne. (A)...........

« Comment vous tairai-je les craintes que j'ai, qu'on ne paralyse
« ou n'atténue par des considérations secondaires, les suites et l'éclat
« d'une affaire, dont il importe tant à mon honneur et à la mémoire
« de votre oncle, de faire retentir la France et l'Europe.

« Tout se simplifiera et deviendra facile, quand nous n'aurons plus
« besoin de recourir à des intermédiaires; nous nous entendons si
« bien, et surtout si complétement de même, que notre juste ven-
« geance sera plus complète et plus prompte. (B)

« *maréchal* GROUCHY »

—

« Vichy, 17 juin 1840.

« Mon cher Le Sénécal, je vous accuse réception de votre lettre du

---

(A) C'est en exécution de cette promesse que toutes mes lettres
étaient communiquées au Garde des sceaux, le 30 juin, et que le 4
juillet le Maréchal remettait lui-même au Roi les trois principales,
pour lui prouver que le neveu du général Le Sénécal lui forçait la
main.

(B) J'avoue que je crois à la sincérité du Maréchal en ce moment.
Jamais lorsque j'ai été près de lui, mon opinion, en général assez
arrêtée, n'a manqué de prévaloir.

réchalGrouchy
21.

« 15 juin. et des diverses pièces qui y étaient jointes. Dans cette lettre
« à moi, dans la vôtre au général Berthezène, dans votre mémoire,
« et dans la pétition à la chambre des Pairs ; tout, *rédaction, senti-*
« *ments, dignité* y est tel que je pouvais le désirer......

« Il faut donc que nous laissions aller mon fils. Dieu veuille qu'il
« y mette autant d'énergie que vous et moi y en mettrions, si mon
« éloignement et le vôtre ne nous forçaient pas à le charger de cette
« affaire..........

« Il a dû vous adresser le modèle d'une nouvelle plainte, je désire
« que vous la signiez et la lui renvoyiez. afin qu'elle soit enfin trans-
« mise au Chancelier..........

« Il me demande de ne rien publier en ce moment, d'attendre
« pour le faire que l'affaire soit judiciairement commencée ; je me
« rends à ce vœu quoiqu'il m'en coûte, et je souhaite que vous en
« fassiez autant.

21.

« En lui répondant, je lui répète que je veux que l'attaque soit
« poussée à fonds, foudroyante, et continuée jusqu'à ce que vous et
« moi ayons flétri le calomniateur par un jugement solennel. Je ne
« veux entendre aucune réparation ou rétractation ; c'est, je le répète,
« flétrir pour jamais Berthezène que nous voulons, et nous y par-
« viendrons.

« Plus tard, mon cher Sénécal, j'irai passer quelques instants à
« Bayeux, car j'ai le besoin de vous serrer contre mon cœur. et de
« vous assurer à jamais de mon vif attachement, de ma gratitude, et
« de ma haute considération. Les âmes de la trempe de la vôtre sont
« rares, et je sais les apprécier. »

(Autographe, mais non signé par défaut d'espace.)

« Vichy, le 25 juin 1840.

22.

« J'ai reçu votre lettre du 18 contenant la copie de la lettre du
« général Berthezène, et de celle que vous avez libellée en réponse à
« ce calomniateur.

21.

« L'époque de la session des chambres est trop avancée, mon cher

« Sénécal, pour que nous puissions commencer maintenant le procès
« en calomnie. J'ai donc écrit ...... pour faire suspendre toutes dé-
« marches quant à ce procès. que nous n'entamerons que lors de la
« réunion des chambres.

« Je désire, mon cher, que vous écriviez ...... ainsi que je l'ai fait,
« de tout suspendre....... Quant à la publication dont vous m'avez
« fait passer le projet, il me semble qu'il faut également l'ajourner
« jusqu'à l'automne....... Sûrement j'irai vous voir à Bayeux. peu
« après mon retour dans le Calvados.

« maréchal GROUCHY. »

Je répondis courrier pour courrier : « *Toute inspiration d'a-*
« *journement vous vient du camp ennemi..... Nous sommes trop*
« *avancés pour pouvoir nous arrêter. Après les démarches que j'ai*
« *faites d'après vos ordres, je ne le puis pour mon compte..... La*
« *reprise de l'affaire ne me retrouverait pas vivant.* »

—

« Vichy, 24 juin 1840.

« Voici, mon cher Sénécal, les pièces que je vous ai maintes fois
« annoncées et qui sont enfin imprimées...... Je pars d'ici samedi pour
« Paris...... Je suis encore incertain quant à la publication dans les
« journaux de la lettre que vous a écrite Berthezène; peut-être vaut-
« il mieux le laisser s'endormir dans une fausse sécurité. Ça donnera
« plus de retentissement à notre mutuelle attaque au mois de novem-
« bre prochain.

« maréchal GROUCHY. »

Je répondis par le même courrier : « *On vous trompe, ce sont*
« *vos ennemis qui profiteraient de cette trêve, le public n'en ac-*
« *corde jamais sur de telles questions. La digue est rompue, le*
« *torrent nous entraîne ; il faut nager sinon nous sommes noyés.*

« *Voyez quel tapage font les journaux, et quels engagements*

« *j'ai pris, d'après vos ordres, avec la publicité...... Vous avez*
« *posé la bombe et allumé la mèche ; si vous essayez de la repren-*
« *dre, elle éclatera entre vos bras.*

« *Je désirerais, s'il en est temps encore, que vous suspendissiez*
« *la distribution des imprimés dont vous m'adressez un exem-*
« *plaire...... Ils révèlent que le 30 juin vous avez quitté votre*
« *commandement, c'est donner aux ennemis ; car Berthezène pour-*
« *rait dire : qu'historiquement ce fait seul vous mettait dans un état*
« *matériel de suspicion, et que ne l'ayant pas expliqué depuis 25*
« *ans, vous avez assumé cette suspicion.*

« *Ensuite, vous parlez de l'arrestation de mon oncle chez le*
« *ministre de la guerre le 29 juin.* (A) *Or, si le fait était vrai, il*
« *serait inutile d'en gratifier nous-même l'ennemi ; mais j'ai la*
« *certitude qu'on vous a mis dans l'erreur à cet égard. Loin d'a-*
« *voir été arrêté, ce fut mon oncle qui le 1er juillet fit une scène*
« *dans le cabinet du ministre, d'où on le laissa sortir très-tran-*
« *quillement pour revenir chez lui.*

« Paris. 29 juin 1840, 8 heures du soir.

« J'arrive à l'instant ici, mon cher Le Sénécal, et j'y trouve votre
« lettre. Je vous remercie de la franchise avec laquelle vous me par-
« lez et des bons conseils que vous me donnez. Je m'assentimente en-
« tièrement à votre manière de voir...... La plainte sera déposée de
« suite et votre attaque contre le calomniateur commencera......

« N'ayez aucun souci quant aux pièces imprimées que je vous ai
« envoyées ; les observations auxquelles elles donnent lieu sont.

(A) Je laisse à qui de droit, la responsabilité de la fabrication en
1840, des pièces objet de cet envoi. Mais je ne puis méconnaître le
fait de la tentative ultérieurement renouvelée, et qui fut en 1840
le rasoir offert au singe pour se couper la gorge.

« fondées. Il n'y en a encore aucun exemplaire de distribué et je me
« garderai bien d'en donner à qui que ce soit.....

« Demain soir je vous récrirai moins à la hâte que je ne le fais en
« ce moment.

« *maréchal* GROUCHY. »

—

« Paris, le 5 juillet 1840.

Maréchal Grouchy
26.

« Tout ce que vous avez désiré que je fisse est fait en ce moment ;
« votre plainte est depuis avant-hier aux mains du Procureur géné-
« ral ; et celle pour le Garde-des-Sceaux lui a été remise hier matin
« par moi-même. Le Garde-des-Sceaux l'a fait parvenir au Chance-
« lier ; ainsi tout marche quant à vous...-... Quant à moi, j'ai aussi
« remis ma plainte contre le calomniateur........ C'est cette ordon-
« nance que le Garde-des-Sceaux doit provoquer au conseil des mi-
« nistres *aujourd'hui même*. Voilà ce qu'il vient de me dire aujour-
« d'hui même.... Mais il craint bien que Louis-Philippe ne refuse l'or-
» donnance.

« Venant au vœu si positif que vous récidivez de publier votre mé-
« moire, je vous dirai que mon fils qui a quitté Paris l'a emporté,
« ne m'en a pas donné connaissance, et est comme toujours de l'avis
« de ne rien faire. Ainsi donc envoyez une copie de ce mémoire, dont
« je vous dirai franchement mon avis...... »

Il faut maintenant remettre à hauteur, la correspondance intermédiaire à partir du 8 juin.

« Paris, 9 juin.

Biographie
42.

« Je persiste à ne pas remettre votre lettre au général Berthezène.
« Si Excelmans l'auteur de tout ce gâchis, remet à M. Berthezène la
« copie qu'il a, elle sera pour ce dernier non-avenue.... Le Maréchal
« est à Vichy ; puisque vous avez des lettres de lui qui doivent le te-
« nir en respect, (oui) prenez le ton qui convient. »

Dans ma réponse courrier pour courrier, j'affirme la vigueur des résolutions du Maréchal, et demande la publication de ma lettre à M. Berthezène.

« Paris, 10 juin.

« Je vous écris de chez M. le général Grouchy, il est toujours dans
« l'attente d'une lettre de son père...... Nous ne comprenons pas votre
« insistance à vouloir qu'on imprime votre lettre à M. Berthezène.
« Mais non, certes non, cela ne doit pas être et pour ma part je m'y
« refuse, car de gaieté de cœur vous vous placez sur un terrain faux,
« et je vous le répète. votre oncle a été arrêté sous Meaux et conduit
« prisonnier à Paris, le général Grouchy en a été témoin. »

Courrier pour courrier, je réponds par le plus vigoureux démenti, sur le fait de l'arrestation de mon oncle. En effet, comment comprendre, que dans une immense correspondance et des relations proportionnées avec le père, jamais un mot ne nous ait été dit de cette prétendue arrestation, jamais une vérification n'en ait été faite; tandis que dans toutes leur publications, ils tendent à mettre le général Le Sénécal en cause ?

« Paris, 12 juin.

« Mon père dont je reçois enfin une longue lettre, partage entière-
« ment mon opinion, qu'il faut poursuivre le général Berthezène en
« calomnie. Je regrette toute autre correspondance soit avec notre ca-
« lomniateur, soit avec le général Excelmans...... Déjà le général
« Berthezène recule en partie dans la lettre qu'il a écrite au *Moni-
« teur*...... Je répondrai aussi par une lettre à l'insuffisance de cette
« demi rétractation, et j'annoncerai en même temps, votre poursuite
« en calomnie devant la chambre des Pairs.

« *général* GROUCHY.

—

« Paris, 15 juin 1840.

Général Grouchy
48.

» Mon père, vous et moi-même avons pensé unaninement, aussi-
« tôt la connaissance de l'odieux pamphlet du général Berthezène,
« qu'il fallait avec éclat le traduire devant les tribunaux comme ca-
« lomniateur....... Je pense que votre correspondance, soit avec le
« général Excelmans, soit avec le général Berthezène depuis, enfin
« que tout mémoire qui précéderait l'accusation, pourrait nuire......

« Je vous envoie une nouvelle plainte, rédigée de concert avec un
« jurisconsulte, avec les indications nécessaires pour qu'elle n'ait pas
« le même sort probable que la première...... Je vous en conjure de
« nouveau, ajournez toute publication.

« Malgré mon prochain départ je suis encore à votre disposition.
« J'irais au besoin vous joindre, croyez que sans vous connaître par
« votre correspondance..........

« *général* GROUCHY. »

—

« Paris, 16 juin 1840.

Général Grouchy
51.

« En recevant votre lettre du 14, je ne puis que vous confirmer ce
« que je vous disais hier. Vos deux dernières lettres ont été commu-
« niquées par moi à..... Il me charge de vous dire que pour rien au
« monde il ne contribuera à la publicité de toute votre correspon-
« dance, soit avec le général Berthezène, soit avec le général Excel-
« mans, soit de tout ce qui n'est qu'accessoire à notre affaire princi-
» pale, la mise en accusation....... La publicité qu'il nous faut, c'est
« l'accusation du général Berthezène........ Ci-joint les seuls extraits
« que j'aie lu dans les journaux, presque tous parlent de notre
« affaire.......

« *général* GROUCHY. »

Immédiatement je fis l'envoi du volumineux recueil des pièces
judiciaires demandées; correspondance, plainte judiciaire. procu-

ration, mémoire. Ces messieurs avaient tout entre les mains, et, par le fait, ma propre personnalité.

Le Maréchal ne m'avait pas dit un mot du voyage du Général à Vichy, ni même répondu à cette provocation de l'une de mes lettres. « *M. votre fils est à Vichy, j'entends d'ici ce qui s'y dit.* »

« Paris, 24 juin 1840.

« A mon retour de Vichy, je trouve les lettres que vous m'avez
« adressées en mon absence. Mon voyage a été motivé par divers faits
« et certaines correspondances (A) que nos ennemis voulaient rat-
» tacher à l'affaire qui nous occupe. J'ai voulu m'en enten-
« dre avec mon père. — Il s'est réservé de vous en entretenir et
« de vous faire part de ses déterminations. Avant-hier, en quittant
« mon père, j'étais à peu près *d'accord avec lui sur tout.* En arri-
« vant à Paris de nouveaux faits, des renseignements positifs modi-
« fient mon opinion...... qu'il fallait que le calomniateur fut pour-
« suivi à outrance....... Mais je dois vous dire avec franchise que,
« plus je partage votre indignation contre nos calomniateurs, plus je
« persiste à penser qu'il faut les poursuivre ; plus aussi je redoute
« que ma manière de voir ne soit pas entièrement celle de mon père
« maintenant........ Agir fortement et tête baissée, telle serait ma
« manière d'agir avec nos ennemis ; ils ont voulu de la publicité
« c'est par un jugement en calomnie qu'il faut leur répondre.

« Comte DE GROUCHY. »

« Paris, 25 juin 1840.

« .... Le Général préfère que la plainte soit avant tout déposée.
« M. le Maréchal m'écrit de son côté, que la session étant près de
« finir il faudrait suspendre la remise de cette plainte.

« *L'aide-de-camp du maréchal,*

« Signé : DASTIER »

Général Grouchy
55.

M. Dastier
54.

(A) Lettre du Maréchal à Louis XVIII le 12 juillet 1815, vendue à l'ennemi 6,000 fr. par le voleur.

« Bayeux, 29 juin 1840.

« Monsieur le directeur du journal *La Presse,*

**Le Sénécal
54.**

« Monsieur, j'apprends avec une pénible surprise par votre n° du
« 28, le bruit qui s'est répandu « *que je consentais* à retirer la plainte
« portée contre M. Berthezène en raison de la calomnie publiée par
« lui, contre la mémoire du général Le Sénécal.

« Ce bruit est sans fondement. J'ai substitué à ma première plainte
« viciée d'un défaut de forme, quatre expéditions d'une nouvelle
« parfaitement régulière, pour les diverses autorités entre lesquelles
« peut se partager la question de compétence. Ma santé ne me per-
« mettant pas le voyage de Paris, le dépôt de ma plainte a dû être
« renouvelé aujourd'hui, par un fondé de pouvoirs spécial que j'ai
« institué.

« Je ne conçois d'ailleurs aucune hypothèse qui puisse permettre
« le retrait d'un acte, auquel l'honneur de M. Berthezène est aussi
« nécessairement attaché que celui de mon nom.

« C. Le Sénécal. »

—

« Paris, 29 juin 1840.

**Général Grouchy
56.**

« Avant mon départ, j'ai reçu votre lettre du 29, la plainte, les
« certificats de médecin, et la procuration au nom de M. Dastier pour
« la déposer et en suivre les effets.

« Ma conviction personnelle est toujours qu'il faut pousser à ou-
« trance la poursuite des odieuses calomnies du général Berthezène,
« et sans les circonstances nouvelles que mon père vous a sans doute
« fait connaître, je ne prendrais la plume que pour vous annoncer
» que vos intentions sont remplies, et que j'aie reçu du Parquet pour
« votre plainte.........

« Je me vois donc obligé d'ajourner nos résolutions communes, et
« j'y suis d'autant plus contraint, qu'il y a dans ce moment diver-
« gence d'opinion entre mon père et moi, et que même M.... penche

ral Grouchy
56.

« pour étouffer l'affaire en se contentant de la double rétractation de
« M. Berthezène, dont au reste il serait facile d'en obtenir une troi-
« sième plus formelle. Sentant sa mauvaise position notre calomnia-
« teur n'a pas paru depuis à la chambre des Pairs, je suppose même
« qu'il a quitté Paris........ Que ces retards ne vous affligent ni ne
« vous contrarient ; il est préférable qu'une affaire aussi grave, aussi
« importante, ne soit engagée qu'après mûre réflexion. .... Il faudra
« une ordonnance royale de convocation spéciale. Enfin, après le
« délit dont la date est du 27 mai 1840, nous avons, d'après la loi,
« trois mois de délai pour déposer la plainte....... Je persiste à penser
« que l'impression de votre mémoire pourrait être nuisible......

« comte DE GROUCHY. »

4

CHAPITRE II.

—

Toute la correspondance étant arrivée au niveau des mèmes
dates; toutes les effervescences et leur degré de sincérité étant
rendus appréciables, on doit être stupéfié de cette halte dans la
boue, que ma résistance venait d'empêcher. Mon système déclaré
au Maréchal et à tous, était de poser la plainte comme garantie
d'un prétoire obligé; mais sous la protection de la plainte, de nous
faire justice nous-même par une loyale publicité, comportant une
extension d'explications qu'aucun débat judiciaire ne permettrait;
de préparer ainsi la base d'un arrêt de non-lieu honorable, qui
évitât un procès, que ma position rendrait ruineux pour moi.

D'ailleurs, la mémoire de l'irréprochable général Le Sénécal
avait déjà un bon à-compte de réparation dans ces mots que les
journaux attribuaient au Roi : « *Peut-on attacher tant d'impor-*
« *tance aux sots propos d'un imbécile!*..... Or, j'avoue que moi-
même, je considérais cet écrivain, qui trouvait le général Le
Sénécal *passible d'un conseil de guerre*, comme parfaitement *passible* lui-même de l'opinion exprimée par le Roi.

Le projet de cette halte et du poste de sûreté dont elle eût été
couverte, trouveront leur explication dans l'ordre didactique des
faits: et nous devons donner enfin cette publication si entravée de
la correspondance avec le général Berthezène.

Journaux
juillet 1840.

22, 24, 55
25.

76.

Lettre à M. le lieutenant-général Berthezène.

Bayeux, 6 juin 1840.

Cette lettre avait été adressée à un intermédiaire, le 6, pour en affirmer la remise; apprenant qu'elle n'a pas été effectuée, je l'adresse directement le 11.

« Général,

« Vous vous êtes rendu, par votre publication du 27 mai, l'éditeur « responsable d'une atroce calomnie contre la mémoire du général « Le Sénécal. Hasarder légèrement une telle imputation serait un tort « déjà bien grave; si elle est un argument utile à la cause dont vous « vous êtes rendu le champion, vous êtes plus coupable encore.

« Un crime tel que l'embauchage d'un corps d'armée fournit néces- « sairement grand nombre de témoins, et vous vous bornez à citer « indirectement un seul nom ! A la vérité, le *témoignage positif* d'un « homme aussi couvert de gloire serait écrasant; mais ce témoignage « n'existe pas, puisque le fait n'a jamais existé. Si quelque malen- « tendu, ou plutôt quelque noire machination, a apporté dans le « temps cette calomnie près du général Excelmans, sans doute il « l'aura jugée méprisable, et c'est la justice seule qu'il aura voulu « couvrir de sa généreuse protection; son caractère ne permet pas de « supposer qu'il l'eût accordée à la trahison, ni même que depuis « vingt-cinq ans il lui eût accordé son silence ! Le noble cœur du gé- « néral Excelmans comprendra que sa désapprobation tacite ne suf- « firait plus; je lui écris donc pour le supplier de livrer à la publicité « les noms des auteurs de cette calomnie, de nous mettre sur la voie « de la vérité, et d'en appuyer l'investigation de toute l'autorité qui « lui appartient sur une question d'honneur.... Quant à vous, géné- « ral, je vous adjure de donner simultanément suite à votre accusa- « tion, de vous saisir des faits et des noms, et de les poser à décou- « vert devant le jugement de tous vos frères d'armes ! Là, je porte « défi à une terrible sentence entre l'honneur du général Le Sénécal, « et celui de quiconque aura osé y porter la plus légère atteinte ! !

« Vous n'avez pas connu le général Le Sénécal, j'en suis sûr; mais « depuis l'Egypte, où il fut chef d'état-major de la cavalerie, jusqu'à « Waterloo, où il occupa le même poste, il a mérité l'estime d'assez

« grand nombre d'hommes éminents, pour que l'opinion puisse être
« facilement fixée sur son caractère. J'invoque parmi ces notabilités
« des noms cités dans votre libelle même, ceux des lieutenants-géné-
« raux Lamarque, Drouot, Teste, Grenier, Parthounaux, Cavaignac;
« je m'en réfère aux souvenirs qu'auront laissés les morts, et au té-
« moignage que rendront les vivants. J'invoque entre tous le noble
« maréchal Gérard, dont votre zèle a ici dépassé les vues; c'est à lui
« que le général Le Sénécal dut, en 1815, le grade de commandeur
« de la Légion-d'Honneur; il ne révoquera pas la preuve de haute
    estime qu'il a ultérieurement donnée à son vieux frère d'armes, en
« l'accueillant publiquement avec un vif intérêt, le présentant lui-
« même au roi, et le plaçant à sa droite à la table du roi à son pas-
« sage ici en 1853. — Voilà votre traître, général.

« De tous ces témoignages il résultera : que le général Le Sénécal,
« uniquement homme de guerre, fut rude, loyal, d'une franchise et
« d'un désintéressement à toute épreuve, type de ces bons vieux sol-
« dats, dans l'esprit desquels tout avenir devait finir et a fini, avec le
« seul drapeau qu'ils voulussent suivre, avec le seul homme par qui
« ils voulussent être commandés. Votre accusation n'est pas un contre-
« sens moins choquant avec sa position qu'avec son caractère. En
« 1814 il prit sans motif, une attitude presque arrogante à l'égard du
« nouveau gouvernement. En 1815, arrivé à Paris dès les premiers
« jours du retour de Napoléon, il suivit le maréchal Grouchy dans le
« Midi, ensuite à Waterloo; son malheur, près de vous, est d'avoir été
« fidèle à son chef comme à son honneur et à son drapeau, d'avoir été
« son *fidus Achates*.... Il y laissa de son sang sur le champ de bataille,
« par la perte de sa plus chère espérance, de mon frère, officier de dix-
« neuf ans, décoré, nommé son aide-de-camp le matin même, et tué
« sous les yeux du brave général Tripp, alors son colonel. Réfugié dans
« sa chaumière, il y vit longtemps sa liberté chaque jour menacée; ses
« droits à la retraite furent illégalement méconnus; il porta durement,
« pendant tout le cours de la Restauration, la peine d'une fidélité sans
« doute outrée. Moi-même j'ai subi les conséquences de mon nom, bien
« que je fusse d'ailleurs par ma famille, à portée et en droit de m'appro-
« cher de la source des faveurs.

« Autrefois, général, avec une prépondérance telle que la vôtre, on
« imposait l'histoire à son gré; aujourd'hui on la propose simplement
« **à la croyance publique, qui seule fixe ses arrêts. Vous comparaîtrez**

« à votre tour devant ce tribunal, vous y poserez, dépouillé de la puis-
« sance et des honneurs que vous avez su recueillir sous tous les gou-
« vernements; il vous y faudra rendre compte de la devise dont vous
« vous parez, *amica veritas*; hâtez-vous donc de désavouer un malen-
« contreux écart des services de votre plume, pour vous réserver aux
« services de votre épée, sinon votre mémoire ne restera pas aussi pure,
« aussi honorée, que le restera malgré vous celle du général Le Sénécal.

« Son neveu,

« Charles Le Sénécal. »

Le 13 juin, à midi, j'ai reçu de M. Berthezène la lettre suivante :

« Paris, 15 juin 1840.

« Monsieur,

Berthezène
76.

« J'ai reçu aujourd'hui seulement (j'en ai la preuve) votre lettre du
« 6 juin, datée de Bayeux.

« Si la justice n'était pas le premier des devoirs, si quelque chose au
« monde pouvait nous en dispenser, je ne vous aurais pas répondu,
« et vous savez pourquoi; mais cette justice qu'on m'a souvent déniée.
« je ne la refuserai jamais à personne.

« Je vais donc vous expliquer ma pensée que vous avez mal com-
« prise; mais avant tout il est bon de vous dire que je n'étais pas pré-
« sent sur le lieu de la scène, et que dès lors je n'ai rien pu savoir par
« moi-même; il est aussi essentiel que je vous donne connaissance de
« la manière dont M. le général Excelmans rend compte de l'événement
« dont je n'ai parlé qu'incidemment :

ral Excelmans
76.

« En réponse à la lettre que vous m'avez fait l'honneur de m'écrire
« au sujet du général Le Sénécal, je vous dirai que le 50 juin 1815, à
« une lieue de Meaux (en deçà), cet officier-général étant en calêche
« avec un officier supérieur prussien de l'état-major, traversait la co-
« lonne de mes troupes; l'apparition d'un officier prussien avec le gé-
« néral français causa une rumeur générale dans la colonne; bientôt la
« calêche fut entourée par une centaine de cavaliers, ils avaient pour
» la plupart le sabre à la main; des cris de *trahison* et de violentes

« menaces se faisaient entendre. J'accourus au bruit et je reconnus le
» général Le Sénécal, en calèche au milieu du groupe. Aussitôt que je
« fus parvenu à apaiser le tumulte, je demandai à ce général d'où il
« venait, il me répondit qu'il venait de chez le maréchal Blücher, où il
« était allé par ordre du maréchal Grouchy, pour lui proposer un
« armistice.

.« Je demandai ensuite à l'officier prussien ce qu'il venait faire parmi
« nous, cet officier me répondit *qu'il était envoyé par le maréchal*
« *Blücher auprès du général en chef de l'armée française, pour lui*
« *proposer d'évacuer Paris le lendemain, et lui dire qu'à cette condi-*
« *tion l'armée pourrait se retirer sans être attaquée ni inquiétée.*

« Je ne vous dirai pas, mon cher général, l'indignation que produisit
« en moi cette outrageuse proposition, ni la réponse que je fis à cet
« officier prussien.

« J'envoyai le général Le Sénécal et cet officier au maréchal prince
« d'Eckmühl, avec une escorte, et n'en ai plus entendu parler depuis.

« Voilà, mon cher général, l'exacte vérité, et ce que je puis dire sur
« cette circonstance extraordinaire, et que je pourrais attester ainsi
« que d'autres officiers, si cela était nécessaire.

« J'ai l'honneur d'être, avec une haute considération. mon cher
« général, votre très-attaché collègue,

« *Signé* EXCELMANS. »

M. Berthezène
76.

« Je ne sais, monsieur, si vous avez été militaire, mais si vous l'avez
« été, vous comprendrez tout ce qu'il y a de grave dans l'introduction
« d'un officier ennemi dans nos colonnes, de lui donner ainsi le moyen
« de compter nos soldats, pour ainsi dire un à un, de lui faire connaî-
« tre l'état moral et matériel de l'armée, nos ressources en un mot.
« Je ne crains pas de dire qu'un tel acte serait passible d'un conseil de
« guerre, et c'est ce sentiment qui exalta nos soldats, et qui explique
« leurs cris de *trahison* et le danger que courut votre oncle.

« Le bruit de cet événement se répandit vite dans l'armée, chacun
« l'expliqua d'après ses idées, et comme tous ceux qui ne croyaient
« pas à la trahison, je pensai puisqu'il était question d'armistice et
« d'évacuation de Paris, évacuation assignée au lendemain, M. Le
« Sénécal aurait exalté les esprits en les engageant à rester derrière la

« Marne ; cette explication était la plus bienveillante de toutes, mais
« c'est parce que ce fait général si grave n'avait jamais été expliqué, que
« j'en demande l'explication à M. de Grouchy.

« M. de Grouchy, dans deux lettres à M. le général Drouot, l'une du
« 4 février 1822 et l'autre du 10 avril 1830, se plaint de ce que cette
« mission de M. Le Sénécal l'a fait accuser d'avoir eu *de perfides, de
« criminels* rapports avec le général en chef ennemi, calomnies dont
« son chef d'état-major. Le Sénécal, est encore aujourd'hui l'objet.

« Puisque M. de Grouchy reconnaît que ces soupçons pèsent sur la
« mémoire de votre oncle, n'est-il pas important que ce fait soit com-
« plètement éclairci une fois pour toutes ? Et moi, n'ai-je pas raison de
« m'étonner qu'il n'ait pas profité de l'occasion naturelle, que lui offrait
« sa notice biographique si détaillée ? Il le fera sans doute, grâce à ma
« lettre, et la vérité et la mémoire de votre oncle y gagneront.

« En attendant, vous pouvez lire dans le journal *la France*, du 7 de
« ce mois, l'annonce que ce journal fait de ma lettre, et dans celui du
« 12, la lettre que je lui ai écrite.

« Signé baron Berthezène. »

Je déclare ici, que jamais le général Le Sénécal n'a attribué
l'ombre de gravité à la scène devant l'officier prussien, et que si
elle en a acquis ce n'est que par MM. de Grouchy ; que si des
sabres ont été tirés, il ne l'a jamais su ; en un mot, que pour ca-
ractériser cette scène, il faut sortir de la grammaire et emprunter
des soldats le mot *brailleries*. Toutefois nous admettons la conformité des paroles du général Excelmans, et la fierté de sa réponse au
prussien auquel il répliqua : « *Avant ça vous mangerez la lame de
« nos sabres.* (Il tint parole 3 jours après.)

Le général Excelmans au service de Murat à Naples, y avait
connu le général Le Sénécal au service de la France, connaissait
sa loyauté et ne l'eût pas plus mise en doute, que l'autre n'en eût
accepté l'outrage.

Le courrier du 13 à midi, m'apportait avec cette lettre le récé-
pissé de ma lettre chargée du 11, reçue le 12 au matin par M.

Le Sénécal
44.

Berthezène ; et la sienne n'étant pas sous enveloppe, porte encore le timbre de départ du bureau de poste de la cour des Pairs.

Voici le motif et l'explication de cette fraude. Il connaissait par le général Excelmans, auquel elle avait été adressée le 6, la copie de ma lettre ; il recevait lui-même la minute le 12 au matin, après que tous les journaux étaient édités, excepté le journal *La France* qui n'était édité que vers 11 heures ; il courut y faire insérer, sous la date du 12, et de même au *Moniteur du soir*, un simulacre de désaveu ; puis à l'appui de cette ruse, il nia la date de réception et post-data sa réponse.

Voilà un témoin historique !

LETTRE DE M. BERTHEZÈNE

Au Rédacteur en chef du journal La France.

« Paris, le 12 juin 1840.

M. Berthezène
76.

« Monsieur, dans votre numéro du 7 de ce mois dont je n'ai eu con-
« naissance qu'aujourd'hui, vous annoncez la lettre que j'ai écrite à
« MM. les auteurs de la biographie des hommes du jour, et vous vous
« servez de termes tels, que l'on pourrait croire que j'ai voulu attaquer
« la fidélité de M. le maréchal Grouchy.

« Je m'empresse de protester de toutes les forces de mon âme, contre
« l'interprétation que vous donnez à mes paroles. *Jamais un seul doute*
« *à cet égard n'est entré dans mon esprit.*

« Veuillez, monsieur, avoir l'obligeance d'insérer cette lettre dans
« votre plus prochain numéro.

Signé baron BERTHEZÈNE.

—

Réponse à la lettre de M. le général Berthezène.

Bayeux, départ du 14 juin 1840 au matin.

Le Sénécal
76.

« GÉNÉRAL,

« J'avais eu soin d'inscrire en tête de ma lettre, que l'ayant adressée

« le 6 à un intermédiaire, et apprenant qu'il ne vous l'avait pas remise,
« je vous l'adressais directement. Je l'ai mise à la poste, chargée pour
« le départ du 11, elle vous est parvenue le 12. La vôtre porte la date
« erronée du 15 juin, et cette erreur est réparée par le timbre de la
« chambre des pairs ; elle me parvient le 15 juin à midi, celle-ci par-
« tira demain 14 au matin. Il serait fâcheux que vous eussiez commis
« la même erreur pour votre lettre à M. le maréchal Grouchy, car
« *des erreurs de date ne peuvent rien réparer.*

« Permettez, général, que je n'accepte pas l'interprétation que
« vous m'offrez, sur la portée de votre attaque à l'égard du général
« Le Sénécal. Ce n'est point un doute que vous avez émis, ce n'est
« point une question que vous avez exprimée..... c'est une accusa-
« tion de haute trahison que vous avez très-nettement formulée,
« très-hautement publiée ! Si votre plume vous a trahi, j'en suis fâ-
« ché pour vous ; mais la position est faite, la justice publique est
« saisie, j'en ai accepté pour moi, et appelé sur vous toutes les con-
« séquences.

« Hors de l'arène publique, général, et en raison de votre lettre
« d'aujourd'hui, je puis me dire

« Votre respectueux serviteur,

« Charles Le Sénécal. »

« Bayeux, le 15 juin 1840.

« *A messieurs les pairs de France.*

« Charles Le Sénécal, neveu et héritier de feu le baron Le Sénécal,
« maréchal-de-camp, mort célibataire, demande l'autorisation de
« poursuivre devant les tribunaux M. le lieutenant-général baron
« Berthezène, membre de la chambre des pairs, comme ayant ca-
« lomnié la mémoire de son oncle, dans un libelle publié le 27 mai
« 1840.

« *Messieurs les pairs,*

« Un homme qui siége parmi vous, M. le lieutenant-général baron

« Berthezène, a voulu mettre son honneur en question ; en imputant
« à la mémoire d'un de ses frères d'armes, un crime auquel la peine
« et l'infamie du parricide sont réservés, il a spontanément assumé
« sur lui les conséquences légales de la plus coupable des calomnies.

« En élevant la question de trahison sur l'un des faits les plus im-
« portants de notre histoire, M. Berthezène a implicitement porté at-
« teinte à la considération de plusieurs notabilités politiques ; consi-
« dération précieuse à la patrie, précieuse à la cour des pairs dont
« ils sont membres.

« Abstraction faite du châtiment que j'appelle sur M. Berthezène ;
« une question aussi haute pour l'honneur français, aussi importante
« à la vérité de l'histoire, ne peut être éclairée et approfondie que
« par l'autorité de la justice du pays.

« J'ose donc espérer, messieurs les pairs, que vous m'accorderez
« l'autorisation que je réclame avec instance, et que pour en assurer
« l'effet, vous exigerez que M. Berthezène se renferme loin de vous
« dans la position *qu'il s'est faite*, jusqu'à ce que les tribunaux aient
« prononcé entre l'honneur du général Le Sénécal, et le sien…. per-
« mettez que j'attende une telle décision de la dignité du premier
« corps de l'état.

Je suis avec le plus profond respect

Messieurs les pairs,

Votre très-humble et très-respectueux serviteur,

Charles Le Sénécal.

Il ne me paraît pas douteux que la cour des pairs fut alors in-
terdite à M. Berthezène, et j'en rends hommage à la mémoire de
M. le chancelier Pasquier.

Lettre de M. Berthezène.

Paris, 15 juin 1840.

« Monsieur,

« Je reçois votre lettre d'hier, 14 du courant, et je m'empresse d'y

« répondre.

« J'avais très-bien remarqué que votre lettre avait d'abord été en-
« voyée à un tiers, mais la précaution de la charger me parut bles-
« sante et je dus la relever.

« Je n'ai pas le don de persuader, mais j'ai le droit d'être cru quand
« je déclare quelles ont été mes intentions; je n'ai donc autre chose
« à ajouter, sinon que la lettre que j'ai adressée le 11 juin au journal
« *la France*, au *Moniteur* et au *National*, s'applique dans ma pen-
« sée et nécessairement à monsieur votre oncle.

« J'ai l'honneur de vous saluer.

« *Signé :* baron BERTHEZÈNE.

C'est d'après cette lettre qu'il a osé dire : « J'avais *dès le com-
« mencement effacé de ma brochure la phrase où je l'accusais.* »

J'ai perdu la minute de ma réponse, sur le *droit d'être cru*, et
les *intentions* d'un homme matériellement calomniateur, et n'ai pas
cru devoir me faire moi-même un titre de sa main-levée. Mais il
est certain que, d'après cette réponse, le charlatan a pu dire :
« *Cet animal est fort méchant quand on l'attaque il se défend.*

CHAPITRE III.

—

« La Ferrière, 12 juillet 1840.

Maréchal Grouchy
27.

« Me voilà ici depuis hier, mon cher Le Sénécal, et avant de quit-
« ter Paris j'ai reçu le duplicata de votre mémoire, dont je n'avais
« pas encore eu connaissance......... J'en suis parfaitement content et
« ne balance pas à vous engager à le faire imprimer........ Cette pu-
« blication ne peut que produire un très-bon effet, être utile, et honorer
« votre caractère. Je me réjouis d'avance de passer bientôt quelques
« instants avec vous, et regrette bien fort de n'avoir pas su *qu'à*
« *Port* j'aurais pu aussi bien qu'à Courseulles faire prendre les
« bains de mer.

« *maréchal* Grouchy »

—

« Ce jeudi 16, 7 heures du soir.

Maréchal Grouchy
27.

« Me voilà à Bayeux, mon cher Le Sénécal, et si j'étais moins fatigué
« j'irais vous voir dès ce soir, mais demain matin je serai chez vous à
« neuf heures.

« *maréchal* Grouchy. »

J'étais debout, je me traînai à son hôtel ; deux spectres se trou-
vèrent en présence. Il eut une attaque d'apoplexie dans la nuit, mit
des sangsues et partit.

« Courseulles, 29 juillet 1840.

chal Grouchy
29.

« .... Du nombre des contrariétés que j'ai éprouvé depuis que je
« suis établi ici, se place en première ligne, le retard qu'a mis mon
« aide-de-camp Dastier à faire imprimer votre mémoire. J'ai fini par
« me fâcher, et lui ai renouvelé l'injonction de le faire mettre à l'instant
« sous presse........ Nous comptons repasser à Bayeux le 6 ou le 7
« d'août pour nous rendre à la Ferrière...... Je ne puis trop vous répé-
« ter, que vous occupez une place bien élevée dans notre estime et nos
« affections.

« *maréchal* GROUCHY. »

« La Ferrière, le jeudi 6 août 1840.

chal Grouchy
52.

« .... Voici quelques exemplajres d'une lettre que celle que le
« maréchal Gerard avait fait imprimer, m'a fait juger nécessaire de lui
« adresser. Elle a cela d'assez curieux , c'est de m'avoir mis à même de
« donner un extrait d'une dépêche du maréchal Soult à l'Empereur,
« qui prouve combien ont été générales dans l'armée en 1815, les
« manœuvres de ceux qui voulaient supplanter alors la dynastie Napo-
« léonienne, par les bourbons de la branche d'Orléans. Elle explique
« aussi pourquoi Louis-Philippe a mis tant de résistance à me rendre
« mon bâton de maréchal, et qu'il ne l'eût jamais fait si je n'eusse réussi
« à l'y forcer à l'aide des chambres, et combien ont été et sont encore
« profondes ses antipathies pour moi , qu'il déguise cependant sous des
« formes bienveillantes.......

« Avant de quitter Courseulles, j'ai reçu vos bonnes lettres du 1er et
« du 5 août. Je ne puis qu'approuver leur contenu, et me féliciter de la
« convenance des termes dans lesquels vous demeurez vis-à-vis de.....
« Il est bon que vous ne rompiez jamais avec lui, car à l'époque du
« procès, bien certainement il pourra vous servir..... Quant à moi je
« lui ai voué une si complète mésestime, que tout ce que je désire,
« c'est qu'il ne s'occupe pas de moi. Vous avez d'ailleurs dans la lettre
« du 29 juillet qu'il vous écrit, et dont vous m'envoyez copie, une nou-
« velle preuve de sa perversité, et de ce dont il est capable envers celui
« qui a rémunéré, comme je l'ai fait à de précédentes époques, ses ser-
« vices, mais qui a à ses yeux l'immense tort de ne pas avoir été sa

« dupe. quand il a en dernier lieu fait jouer tant de ressorts pour m'ex-
« torquer vingt mille francs et les faire tomber dans sa poche. (A.).......

« Dastier nous a fait un tort réel en retardant la publication de votre
« mémoire....... Je vous écrirai le jour de notre arrivée à Bayeux où
« nous coucherons...........

                              « *maréchal* GROUCHY. »

                         « Courseulles, le 12 août 1840.

**Maréchal Grouchy
55.**

« .... A Caen j'ai trouvé votre brochure et la lettre de ..... ainsi
« que votre projet de réponse à cet homme, dont la conduite à votre
« égard a bien droit de nous indigner....... la main sur la conscience
« (si toutefois il en a une); .... il sait très bien que ce n'était nulle-
« ment un mauvais procédé de ma part. Mon ami, sa grande colère ne
« vient que de ce qu'il ne m'a pas accroché vingt mille francs, quand
« il m'a expédié en courrier mon fils, *pour me déterminer* à cet indigne
« marché........ je suis indigné qu'on ait tronqué votre mémoire..... Ce
« qu'il faut faire c'est de faire imprimer par milliers ce mémoire, le
« répandre dans toute la France,...... le faire distribuer à tous les
« pairs. Je viens de le lire dans le *Haro*........ des larmes de satisfac-
« tion ont mouillé mes yeux.

                              « *maréchal* GROUCHY. »

                         « Paris, 14 juillet 1840.

**M. Dastier
59.**

« .... Le Maréchal a dû quitter Paris brusquement, et par l'ordre
« précis de son médecin qui l'a menacé d'une mort imminente, s'il
« restait........ En attendant le procès, les journaux commencent contre
« lui une guerre effroyable. Le *National* de dimanche dernier va aussi
« loin que possible; plusieurs journaux ont reproduit son infernal ar-

---

(A) Lumière sur la halte arrêtée à Vichy le 23 juin. N°s 22, 23,
24, 25, 33, 53, 56, 61.

- 63 -

« ticle, et entre autres le *Capitole* d'aujourd'hui, qui y ajoute même
« une réflexion désespérante. On se fonde sur la lettre écrite par le
« maréchal à Louis XVIII en 1815, où il affirme qu'il avait pris des me-
« sures pour favoriser l'évasion du duc d'Angoulême. Et cela dans
« mon opinion ne le déshonore pas. Sauver la tête du prince français,
« éviter l'effusion du sang, est toujours une belle action; mais les purs
« qui ont eux-mêmes trahi tous les partis, en font une horrible trahi-
« son, afin surtout d'avoir à dire: que celui qui a ainsi trahi dans le
« Midi a du le faire à Waterloo.

« *Signé :* DASTIER. »

—

« Paris, 29 juillet 1840.

« .... Je n'ai eu aucune communication du mémoire dont vous
« me parlez. Depuis longtemps M. le maréchal Grouchy marche en
« dehors de moi; y trouvera-t-il quelque avantage, je ne le suppose
« pas. Il s'est donné il y a quelques mois le tort grave de faire impri-
« mer un écrit de moi sans m'en prévenir............ et continuerai
« comme je le fais depuis trois semaines à rester étranger à toute cette
« affaire. Si vous aviez cru un peu moins à M. de Grouchy, et un peu
« plus à nous, ou bien si M. de Grouchy eût voulu suivre une marche
« plus rationnelle, *il y a six semaines que tout serait fini, et à la satis-*
« *faction commune.* Je regrette qu'il en ait été autrement.

L'énigme paraît suffisamment expliquée; ce n'était point d'une
halte, mais d'une inhumation commune en même terrain, qu'il
avait été question à Vichy vers le 20 juin, et si cette tentative n'a-
vait pas été déjouée par moi, la publication qui m'était envoyée
eût soldé le traité.

1° Une lettre adressée par le Maréchal au général Drouot, sous
la date du 10 avril 1840, mettait en cause l'incrimination du général Le Sénécal;

2° Copie annexée à la précédente, d'une *prétendue* lettre adressée au même général Drouot le 4 février 1822, aurait donné antériorité à la question ;

3° Fondée sur ces préalables, une *prétendue* lettre rêvée en 1840 et sans date, eut établi le fait *matériellement faux*, que le général Le Sénécal aurait été arrêté par ordre du ministre de la guerre, au retour de sa mission.

Alors muni d'une *erreur motivée*, M. Berthezène eût fait retraite ; le Maréchal eût reçu l'absolution ; le général Le Sénécal amnistié en raison de son ineptie, eût été le bouc émissaire ; son champion et bien plus encore celui du Maréchal, eût reçu comptant ce qu'il a reçu 5 mois après.

Dépôt
n° 77.

Il faut ici préciser le texte et les dates d'envoi de ces trois lettres, d'après le cahier du 24 juin.

La première commençant par ces mots : « *Je m'occupe en ce moment* » aurait, d'après M. Berthezène, la date du 10 avril 1830, d'après M. le Maréchal, 10 avril 1840, d'après le général Drouot 12 avril 1840. — Le maréchal y dit : « relisez la lettre que « je vous écrivis à ce sujet le 4 février 1822, en voici la copie...... « *la mémoire de mon chef d'état-major qui est encore aujourd'hui* « *l'objet d'atroces calomnies........ une pareille mission a été pour* » *lui le mobile de bien des désagréments.......* » Si cette lettre avait été écrite en 1830, pourquoi parlerait-elle *de la mémoire* du général Le Sénécal qui n'est mort qu'en 1836. Il est évident que c'est à cette prétendue copie que le général Drouot répond le 16 avril 1840.

Si elle a été écrite le 10 ou le 12 avril 1840, moment où le maréchal était très-malade ; comment comprendre qu'elle eût été connue de M. Berthezène, avant la rédaction du libelle édité le 27 mai, puisque le maréchal écrit de Vichy le 24 juin, *qu'elle vient enfin d'être imprimée à Cusset ?*

Dépôt n° 77.

La seconde lettre « *J'ai d'autant plus regretté* » porte, d'après le général Berthezène et le Maréchal, la date du 4 février 1822. M.

le Marquis y substitue la date approximative du 4 février 1840. Le bon sens permet-il de croire, que le général Drouot qui répond le 16 à une lettre du 12, eût été 18 ans sans répondre, et que le maréchal n'eût pas récidivé ?

ie, 155.
t n° 77. La troisième lettre introduite par les autres, est sans date, *prétendue* adressée au ministre de la guerre, au sujet de la *prétendue* arrestation du général Le Sénécal au retour de sa mission. Dans des publications sourdes et ultérieures du Maréchal, elle porte
rie 151. la date du 29 juin 1815.... Ce jour-là le maréchal était à Claye et n'en partait qu'à minuit; le général Le Sénécal était depuis la veille au camp prussien, n'est revenu à Paris que le 30 au soir, est allé avec le Maréchal chez le ministre de la guerre le 1er juillet à midi, en est sorti quelques minutes après le maréchal et moins impressionné que lui.

t n° 44. Si la croyance du fait avait été sincère, MM. de Grouchy et surtout le fils qui prétend *avoir vu*, eussent-ils été excusables de ne pas l'avoir vérifié depuis 25 ans ?

Quelle pensée importune et persistante a produit ce fait incontestable, et posé un problème dont la solution n'existe pas encore. ?

CHAPITRE IV.

—

La clôture de la session législative ajournait le procès, et la villégiature éloignait de Paris la plupart des acteurs du débat, lorsque le Maréchal était à Courseulles en juillet 1840, mais les journaux continuaient contre lui une guerre acharnée dont la lettre citée ci-dessus porte témoignage.

Inquiet moi-même de son découragement, je fis un effort bien difficile, et arrivai près de lui à Courseulles le 16 juillet. Je le trouvai dans le plus complet abattement et décidé à se couvrir la tête de son manteau. Sur mon observation qu'il m'était impossible de m'arrêter et que cela l'entraînait d'autant, ses craintes débordèrent et il dit :

« C'est bien plus qu'une affaire privée, elle vient du Roi lui-
« même, qui me déteste et ne me pardonnera jamais d'avoir dé-
« joué les manœuvres qu'il faisait dans mon armée à la retraite de
« Waterloo...... Or, le 12 juillet 1815, étant caché dans le gre-
« nier d'une maison, dont le rez-de-chaussée était occupé par des
« prussiens, j'écrivis à Louis XVIII une lettre qui *me pèse comme*
« *un crime.* A la révolution de juillet, cette lettre a été volée dans
« le cabinet du Roi ; récemment elle était en Belgique, entre les
« mains d'un ancien officier de marine qui l'a vendue 6,000 fr. Je
« sais qui a fait les fonds, je sais qui la possède ; vous voyez que
« l'attaque vient de trop haut pour que je puisse me défendre. La

« publication de cette lettre dans l'état actuel de l'opinion m'écra-
« serait. (A)

Il était facile de voir d'un trait, que la question réelle était placée
sur le terrain des derniers jours de la campagne de 1815, et au
milieu des manœuvres orléanistes et royalistes, dont le Maréchal
avait tant parlé, en portant trop haut ses attaques.

« *Mais lui dis-je, elle est donc bien coupable cette lettre ? — (B)*
« *Tenez, mon ami, lisez-là mais ne me regardez pas, cela me*
« *fait mal.* » Il alla dans une encoignure de l'appartement classer
des papiers sur une commode, et moi à l'autre encoignure lire la
lettre sous le rideau d'une fenêtre. Ensuite je revins m'asseoir avec
un air très-serein et il revint également.

« *Eh bien, monsieur le maréchal, je vous avoue que je suis loin*
« *de donner à cette lettre la même gravité que vous. Je conçois*
« *que vous aimassiez mieux ne pas l'avoir écrite, mais elle est*
« *celle d'un proscrit et pas autre chose. Quant au fait du duc*
« *d'Angoulême, elle vous fait honneur, et voilà 24 ans que nous*
« *le disons pour vous. Il est cité dans votre notice, rédigée d'après*
« *nous par un de nos parents, et publiée dans la biographie des*
« *hommes vivants en 1816; il y est même dit, qu'au moment de*
« *votre procès, le duc d'Angoulême alors à Bordeaux, écrivit la*
« *même chose au président du conseil de guerre. — Je ne connais*
« *pas cette biographie, pourriez-vous me la procurer? — Elle est*
« *chez moi, je vous l'enverrai. — Ensuite M. le Maréchal, il est*

(A) J'ai entre les mains copie de cette pièce; je ne la publie pas parce
qu'elle ne l'a pas été, mais je puis l'indiquer puisqu'elle l'est dans nombre de pièces et notamment le n° 54 où le Maréchal lui donne son titre,
Exposé de conduite; et les n°s 59 et 64 qui en contiennent le sommaire.

(B) Bien que dès le 24 juin le Général m'eût parlé de cette lettre et
que M. Dastier en parle également, jamais le Maréchal ne m'en avait dit
un mot.

« *impossible que cette lettre soit publiée, mettez au défi de le*
« *faire..... on ne l'ôsera? — Comment mon ami? — Elle était*
« *un dépôt sacré et respecté dans le cabinet du roi ou du ministre*
« *de la guerre...... Qui a succédé en 1830 aux maîtres de ces*
« *deux cabinets? Pour faire la publication, il faut rendre compte*
« *de la possession......... On se souviendra de l'affaire Dulong-*
« *Bugeaud...... Votre riposte porterait haut...,... Tout autre que*
« *Berthezène est sous le rideau, vous pouvez frapper fort, et placer*
« *la discussion de votre lettre sur un terrain, où ni lui ni personne*
« *ne pourra s'engager.* »

Le Maréchal revenait de mort en vie, et force compliments me
furent prodigués. « *Mais mon ami, je ne puis guère faire cela*
« *moi-même, si un autre..... — Eh bien, mon mémoire est encore*
« *sous presse, le tirage ne doit pas être fini, si vous voulez je vais*
« *y faire ajouter une note dans ce sens, mais mesurée, car je n'ai*
« *pas l'honneur d'être l'ennemi personnel du roi.* »

Le Maréchal reprit avec une figure très-impressionnée : « *Mon*
« *ami, je préfère que vous m'envoyiez une note rédigée avec toute*
« *la vigueur que vous venez d'exprimer, j'y réfléchirai et agirai*
« *probablement moi-même. Vous allez rentrer à Bayeux, faites-la*
« *ce soir, et envoyez-la moi avec la biographie demain de grand*
« *matin par un exprès; je vous la renverrai.* » Je promis et tins
parole.

« *Maintenant, M. le Maréchal, parlons du fond de l'affaire.*
« *Plus que jamais nous voyons que le procès n'aura pas lieu, qu'il*
« *est impossible. Si je l'affronte comme* ULTIMA RATIO, *loin de le*
« *fomenter je vise à le périmer par la publicité. Nous ne pouvons*
« *rien accepter de Berthezène,* SON HONNEUR OU LE NOTRE DOIT Y
« RESTER, NOUS L'AVONS JURÉ...... *Mais par la publicité, nous pou-*
« *vons donner les bases d'un arrêt de non-lieu honorable, sanc-*
« *tionnant nos allégations.*

« *La lettre à Louis XVIII serait à mon sens très-discutable. Au*
« *votre elle vous gêne, soit; eh bien, il est très-facile de* L'OBLITÉRER,

« *de* LA NOYER...... *Publiez un recueil de toutes vos pièces reliées*
« *par une très-courte rédaction transitive; la lettre à Louis XVIII*
« *et la lettre américaine en feront presque tous les frais. Tout le*
« *texte de la première s'y trouvera littéralement transcrit par pa-*
« *ragraphes détachés : quoique* PUBLIÉE *elle sera* NOYÉE....... *Pour*
« *moi, mon affaire est faite par mon mémoire; vous comprenez*
« *combien il m'importe qu'il en soit autant de la votre. — Mais,*
« *mon ami, c'est un bien grand et bien long travail, et ma tête ne*
« *me le permet pas. — Je le ferais en quatre jours. — Eh bien,*
« *voulez-vous le faire, cela précisera votre idée et j'aviserai. —*
« *Volontiers, mais il me faut les pièces.* »

Il me donna la lettre à Louis XVIII, la lettre américaine, quelques pièces peu importantes, mais une nomenclature. Moins de
huit jours après il avait le travail qui, par délicatesse était écrit de
la main de ma femme.

« Ce jeudi matin. (c'était le 18 août 1840.)

« Mon cher Le Sénécal, toutes réflexions faites, je préfère ne rien
« publier en ce moment de relatif à l'exposé de conduite que vous em-
« portâtes hier (A), il vaut mieux ce me semble, que ce soit moi qui
« aborde cette question, et pour la bien traiter sous toutes ses faces,
« je prendrai dans votre lettre et la note de Dastier, les excellentes
« idées dont elles abondent l'une et l'autre. Je garde donc votre projet
« de lettre, (B) et vous prie de faire reprendre *bien vite* l'impression de
« votre mémoire, car j'ai bien à cœur qu'il ne tarde pas à être répandu
« de tous côtés et en abondance. Il ne faudra pas manquer d'en en-

---

(A) L'intitulé de la lettre écrite à Louis XVIII le 12 juillet 1815,
est : « *Exposé de la conduite que j'ai tenue pendant les Cent-
Jours.*

(B) Je n'ai pas de doute que cette lettre de moi ne soit partie
pour Paris, où en bonnes mains, elle a servi à mes dépens d'épou-
vantail entre le Maréchal et quiconque.

« voyer aux généraux divisionnaires, commandant les divisions terri-
« toriales, et aux maréchaux de camp commandant les départements...
« Ayez grand soin des trois pièces importantes dont je vous ai engagé à
« vous bien pénétrer, car je n'en ai pas de copie, excepté la lettre
« américaine qui est à l'impression à Caen........ Adieu, mon ami, je
« vous embrasse et vous rends bien grâce de votre bonne visite d'hier.
« elle m'a fait le plus grand bien.

« maréchal GROUCHY. »

A la fin d'août le Maréchal vint nous voir à Port et nous parut très reconforté.

Le plan bien arrêté, de tout refuser de M. Berthezène, et de marcher par la publicité, vers un arrêt de non-lieu honorable, fut de nouveau confirmé.

Pour la première fois, le Maréchal me parla de l'audience qu'il avait obtenue du Roi le 4 juillet, et en fit un argument sérieux devant confirmer encore notre résolution. Je crois reproduire ici cet entretien dans les propres termes du Maréchal. « D'abord le
« roi me reprocha avec humeur, de troubler le gouvernement et la
« cour des pairs, tandis que je devais me mettre au-dessus des
« SOTS PROPOS D'UN IMBÉCILE. — Mais Sire, c'est le neveu du géné-
« ral Le Sénécal qui adore son oncle et qui me force la main. —
« Le neveu du général Le Sénécal c'est vous. — Alors je tirai de
« ma poche trois de vos lettres et les lui donnai; il alla près d'une
« fenêtre, les lut tout entières, puis me les rendant d'un air ra-
« douci, il dit : OH POUR CELUI-LA IL A COMPLÈTEMENT RAISON, ON
« RENDRA L'ORDONNANCE S'IL LE FAUT. Il me quittait, quand se re-
« tournant il ajouta : au surplus, maréchal, ne précipitons rien,
« vous le verrez, je ferai beaucoup pour terminer cette affaire,
« que chacun y mette du sien, vous reviendrez me voir et nous en
« recauserons. »

En septembre et octobre le Maréchal était à La Ferrière, au milieu d'un autre entourage; l'éloignement diminuait mon in-

fluence, et j'en trouvais un indice dans les lettres plus rares, insi-
gnifiantes, se bornant presque à des invitations aussi peu accep-
tées que refusées. Enfin ces lettres cessèrent d'être entièrement autographes, la résolution prit la place de la confiance, j'oserais dire
de la déférence. Mon projet de rédaction si louangé fut critiqué, et
le Maréchal déclara ajournertoute publication.

Enfin le 10 novembre, le Maréchal m'annonça que par l'intermédiaire de M. Derodes, M. Berthezène faisait des démarches près
de lui pour arrêter le procès, et m'adressa la note suivante remise
par lui à M. Derodes.

Note à faire parvenir au général B.....

« La publication de la lettre libellée ainsi qu'elle l'est ne saurait me
« convenir, attendu qu'elle ne contient de rétractation que celle d'une
« des imputations nombreuses et imméritées que le général B.... essaie
« de faire peser sur moi. Celle d'avoir trahi la patrie en entretenant
« des correspondances criminelles avec les généraux ennemis.

« Je désire donc qu'il désavoue de la manière la plus explicite,
« l'assertion erronée, que j'ai méconnu mes devoirs comme général
« en chef, en abandonnant le défilé de Villers-Cotterets pour me re-
« tirer sur Paris, sans donner d'ordres à quatre divisions et à une
« partie de la cavalerie de mon armée, qui se trouvaient encore au-
« tour de Soissons et sur la rive droite de l'Aisne, sauf à eux à sortir
« comme ils le pourraient de la position difficile où je les laissais.
« Une pareille incrimination implique celle de lâcheté; elle est dé-
« mentie par vingt lettres ou ordres donnés aux généraux Vandamme,
« Exc.... et autres, écrits de ma main ou de celle du général Le
« Sénécal, qui sont imprimées et au moment d'être livrées à la pu-
« blicité. (A)

(A) Cet abandon du défilé de Villers-Cotterets, ne peut (si je ne
me trompe) avoir eu lieu que le 28 ou le 29 juin. Ces jours-là le
général Le Sénécal était en mission au camp ennemi.

Dans les pièces annoncées, je ne vois qu'un ordre au général
Vandamme, 28 juin 4 heures du matin, et un second au général

« Le général B.... ne peut donc se refuser à reconnaître qu'il a été
« injuste envers moi, et à désavouer le passage de sa lettre, com-
« mençant page 44 etc. , etc.

« Le maréchal DE GROUCHY. »

Dans la même lettre du 10 novembre, le Maréchal me priait de
renouveler ma plainte près du Garde-des-sceaux. Je le fis.

Le 23 novembre je reçus deux lettres du maréchal Grouchy. La
première arrivée à midi par la poste, disait :

« Sans vouloir, mon cher Le Sénécal, influencer aucune de vos
« déterminations, à votre place je suivrais chaudement les effets de
« votre plainte, en mettant la presse au nombre de vos auxiliaires
« contre le général Berthezène. — Je n'ai point de conseils à vous
« donner quant à l'emploi que vous pourriez faire de ...... pour for-
« cer la main au Roi. Si quelqu'un peut le plus le mulcter, c'est bien
« certainement un pareil homme; ainsi je ne vous blâme pas de le
« ménager comme vous faites. »

J'avais dit nombre de fois au Maréchal et lui répétai encore, que
je n'avais pas l'honneur d'être l'ennemi personnel du Roi.

Le même jour, 23 novembre au soir, le Garde du Maréchal m'apportait une nouvelle lettre où la joie débordait.

« Vous serez satisfait, je l'espère du moins, (A) de la manière lo-
« yale dont Berthezène avoue ses torts envers moi, aussi bien qu'en-
« vers votre oncle ; nous avons obtenu de lui ce que nous n'eussions
« jamais réussi à avoir par un jugement de la chambre des Pairs, la
« réparation la plus complète et la plus honorable...... L'engagement
« est pris et par écrit, par les rédacteurs, que jamais la biographie

---

Reille, 28 juin, 11 heures du matin. Toutes les autres pièces des
28 et 29, sont à autre adresse que celles des généraux ; donc M.
Berthezène a agi de confiance.

(A) Il n'en était pas sûr.

« ne reparlera du maréchal Grouchy ni du général Le Sénécal......
« Regardez donc comme non avenu, tout ce que j'ai pu vous écrire
« (avant que j'eusse en main la réparation qui nous est donnée). Quant
« à la nécessité de poursuivre le Général devant les tribunaux, non-
« seulement elle n'existe plus cette nécessité, mais il serait odieux de
« nourrir aucun sentiment de haine contre un homme qui s'est aussi
« noblement exécuté, et indigne de nous d'éprouver le besoin de se
« venger, ce serait d'ailleurs au reste chose impossible.

« maréchal GROUCHY. »

La réponse à M. Berthezène transformé *en noble cœur*, lui donnait de toutes autres qualifications que la correspondance précédente, qui suffit pour indiquer quels durent être mes sentiments.

N'ayant eu que la nuit pour répondre au Maréchal, je n'ai pas conservé minute de ma réponse; elle se résumait à ceci : « *Votre « gloire en souffrira.* »

La mémoire du général Le Sénécal n'avait eu besoin, ni de la protection onéreuse de M. de Grouchy, ni de l'orgueilleuse dénégation de M. Berthezène, ni de sa rétractation finale appropriée à M. de Grouchy seul. Par une publication vigoureuse, cette mémoire invulnérable était mise au-dessus d'un acte d'apostasie, qui imposé par force majeure était dépourvu de toute autorité.

Toutefois, si cette désertion respective d'un champ clos aussi violemment ouvert, ajoute encore aux obscurités qui planent sur les derniers jours de juin 1815, la mémoire du général Le Sénécal n'invoque que la lumière; elle remet un bilan d'histoire souterraine à l'histoire de la vérité, et espère obtenir dans ces temps D'ÉGALITÉ, la réparation d'un flagrant deni de justice, consacré dans des temps de PRÉTENDUE LIBERTÉ.

N° 76.

CHAPITRE V.

—

M. le maréchal Grouchy est mort en 1847, Messieurs ses fils en 1864. 24 ans de survie des seuls intéressés semblaient avoir comblé au nom de cette famille l'oblitération du débat de 1840.

D'une autre part, le penchant naturel vers l'oubli des tristesses du passé, les défaillances de l'âge (69 ans dernière limite dans ma famille paternelle), eussent détourné mon attention d'une laborieuse étude de mes documents, et ce qu'ils peuvent contenir d'historique eût fait défaut à l'histoire; si la brochure posthume de M. le marquis de Grouchy, ne fût venue replacer un nouveau débat, entre plusieurs tombes fermées et une dernière entr'ouverte.

En admettant que la mémoire de M. le maréchal Grouchy, eût des titres réels à obtenir de l'histoire plus qu'il ne lui est accordé, elle ne pourrait avoir même un intérêt, à réveiller une question tristement et injustement populaire, que l'historien avait oblitérée.

En admettant pour M. le marquis de Grouchy la solidarité de la gloire militaire de son père, il n'en résulterait pas le droit de renouveler l'emprunt d'un témoin déjà sacrifié. Mais il en résulterait encore moins celui de remettre en scène ce témoin, pour le grever d'un *démenti* sur le POINT CAPITAL de ses témoignages, POINT CENTRAL de l'immense événement qui en est l'objet. Un tel fait témoigne de l'importance attribuée à ces témoignages, par les ennemis réconciliés, et de leur intérêt commun à en annihiler l'autorité. Il nous semble avoir pourvu dans notre première partie aux besoins de cette question.

Toutefois, en maintenant la sincère loyauté des déclarations du général Le Sénécal, nous entendons arguer exclusivement de la minute déposée aux archives sous le n° 9, minute dans laquelle n'existent pas des intercallations ou additions publiées dans la brochure de 1864, équivalentes à plus de trente-cinq lignes du texte, et ayant pu blesser les généraux Excelmans, Vandamme et Gérard.

Si la solidarité de M. le marquis de Grouchy dans les actes de son père peut être souvent douteuse ; son action personnelle ne permet pas de la méconnaître dans le débat de 1840 ; mais nous devons être étonnés qu'il en fasse le rappel de la page 138 à la page 146 de sa brochure, après avoir dit dès le début, page 6 :
« *Il est des hommes qui cherchent dans la* TRAHISON *la cause de*
« *tout revers. A ceux-là je ne répondrai rien, il n'y a rien à ré-*
« *pondre à une sotte calomnie. Tout exposé sincère est perdu pour*
« *celui qui en matière d'histoire tombe dans l'absurde.*

Pourquoi alors une reproduction inexacte du débat de 1840 ?... pourquoi dans la copie de la rétractation Berthezène, la suppression du paragraphe traitant le point capital de l'accusation, le fait de Villers-Cotterets ?.... Est-ce pour reporter vers le général Le Sénécal une obscurité importune ?

Pourquoi dans la copie d'une lettre du Maréchal au général Drouot, donner à cette lettre (*j'ai d'autant plus regretté* !) la date du 4 février 1840, tandis que dans ses publications le maréchal lui donne celle du 4 février 1822 ?

Pourquoi la suppression de la lettre au général Drouot) *je m'oc-cupe en ce moment*), publiée d'après M. Berthezène 10 avril 1830, d'après M. le Maréchal 10 avril 1840, d'après le général Drouot 12 avril 1840. Toutes les trois ont parfaite conformité de texte, et ce texte base de l'accusation de M. Berthezène ?

Pourquoi enfin cette prise de possession persistante, et à toutes fins, du nom du général Le Sénécal ?

Après une correspondance si longue, si affectueuse, si profondément intime de MM. de Grouchy, comment comprendre cette affectation de silence qui plane dans toutes leurs œuvres, sur leur estime profonde et nécessaire, leur reconnaissance même pour leurs défenseurs indispensables ? Ce silence serait par lui-même une étrange anomalie, les faits lui donnent un autre caractère. (A)

(A) Qu'on me permette de distraire un peu des ennuis de la question, par une anecdote populaire, passée en proverbe dans mon pays :

Des marguillers d'une bourgade étaient en route pour aller acheter un Christ pour leur église, quand ils s'aperçurent qu'ils avaient oublié de demander s'il le fallait mort ou vivant ; ils voulaient retourner quand l'un d'eux ouvrit ce bon avis : « *Apportons-le toujours vivant,* « *si l'faut mort je l'tuerons.* »

CONCLUSION.

—

Le maréchal Grouchy appartient pour des siècles à l'histoire, où
sa bravoure lui assurait une belle page, où l'éclat d'un grand revers national lui en a ouvert des milliers. Dans cet éclat même
existait, une bien noble source d'illustration, car le malheur et la
persécution sont une auréole, quand un grand caractère en est le
centre; et dans une telle cause, la solidarité devient un titre d'honneur pour tout associé secondaire.

Mais les documents qui survivent aux passions contemporaines,
démontreront de plus en plus que l'histoire est encore à l'état de
simple enquête, sur les faits capitaux des événements militaires
des Cent-Jours. Déjà les principaux témoignages entendus, sont
gravement modifiés dans leur sens matériel par le propre fait de
leurs auteurs; et leur sens moral mis en lumière par les intimités
du débat de 1840, laisse à l'histoire plus d'un chiffre à barrer,
avant la solution définitive du problème.

Dans sa sollicitude pour l'illustration de son nom, M. le marquis
de Grouchy a trop oublié, et peut-être trop peu connu. Il eût été
juste de se rendre compte, que chaque famille a droit de prétendre
à une position de dignité relative; et que celle qui nous est faite
dans ses œuvres, est dans un étrange contraste avec celle qui résulte de nos actes dans la cause de son père.

Abstraction faite des deux publications qui nous sont personnelles dans la brochure de 1864, nous devons pour limiter notre solidarité, exprimer une opinion sur l'ensemble d'une œuvre, d'où celle-ci tire son origine. Par l'acrimonie de ses termes, elle provoque les sévérités de l'histoire contre l'auteur et ses solidaires. Par l'inexactitude des citations et des déductions qui en résultent, elle porte atteinte à la gloire du fondateur de l'empire, à l'histoire, au sentiment national. En présence de telles provocations, quand bien même la mémoire d'un oncle, qui pour tous restera vénéré, n'en ferait point un devoir ; le possesseur des documents déposés, eût été inexcusable comme citoyen, si ces titres de vérité historique eussent péri par oblitération entre ses mains.

Si, ce que nous croyons encore sincèrement n'être que la stricte analyse de nos documents, paraissait au lecteur excéder par la diction les limites d'une nécessité défensive, nous le prions de se reporter aux pièces elles-mêmes ; peut-être trouvera-il alors, que tant d'amertume existait au fond des choses, qu'il en a dû jaillir des gouttes à la surface.

D'ailleurs, traitant une question de probité historique, si nous avons déploré les succès du talent d'insinuation, il serait étrange d'y prétendre pour nous-même. Nous prétendons à l'estime seule, et nous croyons que si, d'après un coup-d'œil sommaire, elle est quelquefois et passagèrement allouée à l'insinuation, elle n'est solidement acquise qu'à la loyauté démontrée.

Du reste, ce que ce dépôt matériellement effectué, peut contenir de national ou d'historique, le met au-dessus d'une appréciation individuelle ou vulgaire. Le présent travail qui n'est point une œuvre d'ambitieuse popularité, qui par toute sa tendance est simple *témoignage* et non *polémique,* n'est donc adressé qu'en HAUT LIEU : là seulement où réside l'autorité, qui au nom de la confiance publique, statue sur ce qui devient pour tous, LA VÉRITÉ HISTORIQUE.

Plus que jamais il est démontré que les actes du génie sont une cause qui franchit les temps, et dont les effets se réalisent nécessairement; puisse-t-il en être de même des actes de l'obscure et modeste probité.

Charles Le Sénécal.

ERRATA.— Page 24, septième ligne, au lieu de *l'heure de réception*, il faut lire : *l'heure d'envoi.*

Page 19, douzième ligne, au lieu de *où les heures étaient des minutes pour l'armée,* il faut lire : *où les minutes étaient des heures pour l'armée.*

BAYEUX.— TYPOGRAPHIE Sᵗ-ANGE DUVANT.

Preuve par les opérations effectuées.

Le témoignage qui résulte des ordres donnés par l'Empereur lui-même, et vérifiés par la conformité de leur exécution, est sans nul doute l'argument qui doit clore la discussion.

Le 16 au soir, de onze heures à minuit, le maréchal Grouchy et le général Gerard étaient ENSEMBLE près de l'Empereur à Fleurus. Peut-on mettre en doute : que les ordres qui ont accompli son commandement personnel de la journée ; qui unifiaient les opérations générales de toute l'armée ; aient alors émané de l'Empereur lui-même, en ce qui concerne l'aile droite, près d'être détachée ?

Ces ordres ont été immédiatement transmis par Grouchy aux deux seuls corps restés sous son commandement effectif — Pajol ayant sous le sien la cavalerie légère forte de 1,150 hommes, et la division d'infanterie de Teste, forte de 4,160, était placé devant le seul espace resté libre, et

face à Namur. Entre minuit et une heure, il a été lancé

dans cet espace comme avant-garde, son itinéraire fixait au nom de l'Empereur celui de toute l'äile droite. La MARCHE IMPRIMÉE PAR SA POURSUITE DE L'ENNEMI, était l'élément capital de toute résolution secondaire ultérieure, de tout succès.

Parti après minuit, Pajol avait à trois heures du matin, pris et envoyé à l'Empereur huit pièces de canon; il avait pris un parc de 400 bêtes à cornes, et une immense quantité de voitures, bagages et fourrages. — Il avait barré à l'ennemi la direction de Namur et de la France, mettant ainsi hors de cause la plus grande des inquiétudes de l'Empereur. — Débordant le flanc droit de l'ennemi, il lui avait imprimé la direction du nord; poussant jusqu'à Temploux à une lieue de Namur, il s'était assuré de l'évacuation de cette ville et du transport des réserves prussiennes à Louvain; il avait exclu toute possibilité de danger en arrière de nous. — Ayant reconnu la direction de l'ennemi par St-Denis et Leuze vers Gembloux, il avait fait retour sur lui jusqu'au delà de cette ville, l'y trouvänt massé et en position, ne pouvant mordre par infériorité de forces, il s'était résolument tenu en présence, attendant l'infanterie du corps d'armée; puis enfin, vaincu par le délaissement, il avait en désespoir de cause, été contraint de se retirer à Mazy; où son corps arriva après une journée de marche de dix lieues, pendant laquelle les corps Vandamme et Gerard en avaient fait trois au plus.

Exelmans, de son côté, avait reçu les ordres de son

Page 25 H.

chef direct, et éclairé pendant la nuit les mouvements de l'ennemi, autant que le pouvait faire sa cavalerie de ligne forte de 3,820 hommes ; il s'était mis à la poursuite de Thielman, lorsque celui-ci avait levé ses bivacs, avait suivi une direction débordant la ligne de marche de son flanc gauche, et s'était placé en face de lui, lorsqu'il l'avait trouvé massé près de Gembloux à la gauche de l'Orneau. — Telle était à trois heures, et à une lieue de distance, la position de Pajol et Exelmans sur les deux flancs de Thiélman, droite de toute l'armée prussienne !... Que fût-il arrivé, si l'infanterie des troisième et quatrième corps avait pu supporter la pluie, qui inondait à la même heure l'infanterie Teste et la cavalerie Pajol, à la suite d'une nuit passée sous les armes et d'une marche plus que double ? — Alors l'aile droite eût été réunie sur ce terrain à cinq ou six heures, et son rapprochement eût permis que Pajol poussât le soir

Page 25 M.

jusqu'à Leuze, et dans la nuit jusqu'à Grand-Lez, où Exelmans se fût trouvé à hauteur avec lui.

22 C.

Quel ordre a été donné pour la journée du 17 à la cavalerie légère de Valin, forte de 1,628 hommes, si dignes de concourir à tous travaux, si ardents à se précipiter vers tous dangers et tous succès ? Le silence de l'histoire n'ouvre à cet égard au lecteur, aucun autre champ que celui des suppositions.

ouchy, 1829 55
érard, 1850 56

Le maréchal Grouchy resté sans troupes, et près de l'Empereur le 17 juin jusqu'après midi, a pris alors le commandement effectif des corps Vandamme et Gerard, et ordonné le mouvement vers Gembloux. — Beaucoup de lecteurs, peut-être aussi étrangers que nous aux choses militaires, comprendront peu l'exigence imposée à la marche d'un corps d'armée, par son numéro d'ordre, et pourront faire à cet égard un rapprochement avec l'accueil que Grouchy a dû endurer à Ligny, le 17, entre midi et une heure. Ceux-là seront étonnés, comme nous-même, de voir que dans une telle circonstance, le corps de Vandamme presque *sans cavalerie*, bivaqué plus d'une demie-lieue en arrière de celui de Gérard dans la direction de Gembloux, ait traversé dans leur longueur les bivacs de ce dernier, pour prendre la tête de la colonne ; ils déploreront cette perte d'un temps si précieux, au moment où Pajol et Exelmans, devant l'ennemi, en selle, et le sabre à la main, attendaient l'infanterie à Gembloux.

Nous croyons ne point avoir à répéter, ce que nous avons dit sur la nuit passée à Gembloux, et les justes regrets sur l'arrivée et le départ si tardifs de l'infanterie. Nous croyons, qu'acceptant les faits accomplis, Grouchy a donné sagement les ordres principaux que comportait la position. Nous croyons que les corps Vandamme et Gérard eussent dû être arrivés à Sart-à-Valain, ou mieux encore à Nil-Pierreux ou Corbaix avant 11 heures le 18 ; et que l'aile droite alors concentrée, eût trouvé Pajol et Exelmans parfaitement en mesure, éclairés sur les positions de l'ennemi, et l'œil ardemment fixé vers la Dyle,

Nous croirions manquer de respect au lecteur, si nous

décrivions nous-même les conséquences de cette position malheureusement fictive. — Mais nous osons lui demander : si cette série des faits de Pajol n'est pas la démonstration des ordres de l'Empereur, incontestablement décrits par leur stricte et intelligente exécution; si cette exécution n'efface pas jusqu'au ridicule, la prétendue faute irréparable *d'un retard de 14 heures dans la poursuite de l'ennemi.* Si enfin, le 18, à 10 heures, à la ferme du Caillou, l'Empereur pouvait supposer une autre position à l'aile droite ?

Portant encore plus loin le respect des faits accomplis; acceptant la position telle qu'elle a existé le matin à Gembloux, nous ne pouvons nous retenir de rappeler l'attention du lecteur; sur cette sentence d'un historien illustre et spécial, *le général Jomini* : « L'UNIQUE MOYEN D'ÉVITER UN DÉSASTRE, ET L'UNIQUE MANŒUVRE VRAIMENT HABILE, C'ÉTAIT DE MARCHER LE 18 A CINQ HEURES DU MATIN VERS MOUSTIERS. » — Or on fut allé ainsi à la rencontre du corps de Le Débur, qui avait son centre à Mont St-Guibert, et couvrait d'éclaireurs l'espace intermédiaire; Blucher eût été promptement averti à Vavres, d'où il venait, de diriger le corps de Bulow sur Waterloo; détrompé sur l'absence de l'aile droite, et conservant ses trois autres corps sous sa main, il eût avec 71,000 hommes, barré le chemin aux 33519 de Grouchy. — La collision aurait eu lieu sur un champ de bataille secondaire, nécessairement et fâcheusement rapproché de Waterloo, où l'Empereur, avec 72449 hommes, avait 124000 anglo-hollandais et prussiens sur les bras. —

Nous croyons donc avoir démontré, et à l'égard de tous :
QUE DE MIDI A DEUX HEURES ÉTAIT POUR NOUS L'HEURÉ DE
LA VICTOIRE ; lorsque Ziethen et Pirch étaient déjà en
marche sur Waterloo ; lorsque la troisième colonne prussienne hâtait sa marche sur Vavres ; lorsqu'enfin l'espace restait ouvert et libre en arrière de tout corps
prussien.

En outre de l'importance historique de la marche de
Pajol, comme étant la preuve la plus incontestable, de
ce qui DEVAIT et POUVAIT être fait, à son exemple, par
l'aile droite ; nous trouvons un bonheur tout personnel,
à voir en très-grand relief, deux chefs toujours rencon-
trés au milieu des travaux et des dangers, jamais à la
suite des dénigrations et des haines. Nous nous hono-
rons nous-même, lorsque nous trouvons l'occasion de
dire : que le brave et digne général Teste, si intime-
ment associé à la gloire de Pajol, avait honoré de son
affection le général Le Sénécal.

Il n'est pas de religion dans laquelle les martyrs
aient maudit, et leur témoignage en devient article de
foi. Dans la religion de la gloire, le martyr de S^{te}-
Hélène a fixé l'avenir historique de Grouchy, par la
magnanimité de l'expression de ses douleurs. — La fa-
talité ayant alors prononcé sur lui-même, Napoléon avait
sauvegardé pour tous, ce que François Ier s'honorait
d'avoir sauvé du désastre de Pavie. Pourquoi faut-il,
qu'entre les deux périodes de la gloire immense de son

nom, quelques-uns des plus nobles débris de Waterloo, au lieu d'honorer en commun leur veuvage de la
victoire par l'échange de consolations, aient, au préjudice
de l'histoire elle-même, échangé des outrages ?

ERRATA.

TABLEAU DES DISTANCES, page 42.

—

1° L'intitulé des colonnes 4 et 5 porte : Kil. M. substituer H
comme désignation des heures.

2° Les trois premières lignes de la 4ᵐᵉ colonne, porte 4 h. 68 m.
5 h. 27 m. 4 h. 51 m. Elles sont le rappel de la durée de
marche, à raison de 4 kilomètres à l'heure; opposé à la durée
réelle de 7 h. 50 m. pour les deux premières, et de 5 h. pour
la dernière, constatées par M. Charras, et qui seraient anor-
males si elles n'eussent pas eu lieu en simple état d'observation.